紙1枚で
仕事の課題は
すべて解決する

課題解決コンサルタント®
阿比留 眞二
Abiru Shinji

ワニブックス

問題解決力

＞

課題解決力

真因の追究	課題解決策とアクションプラン
(事象整理からの真の課題)	

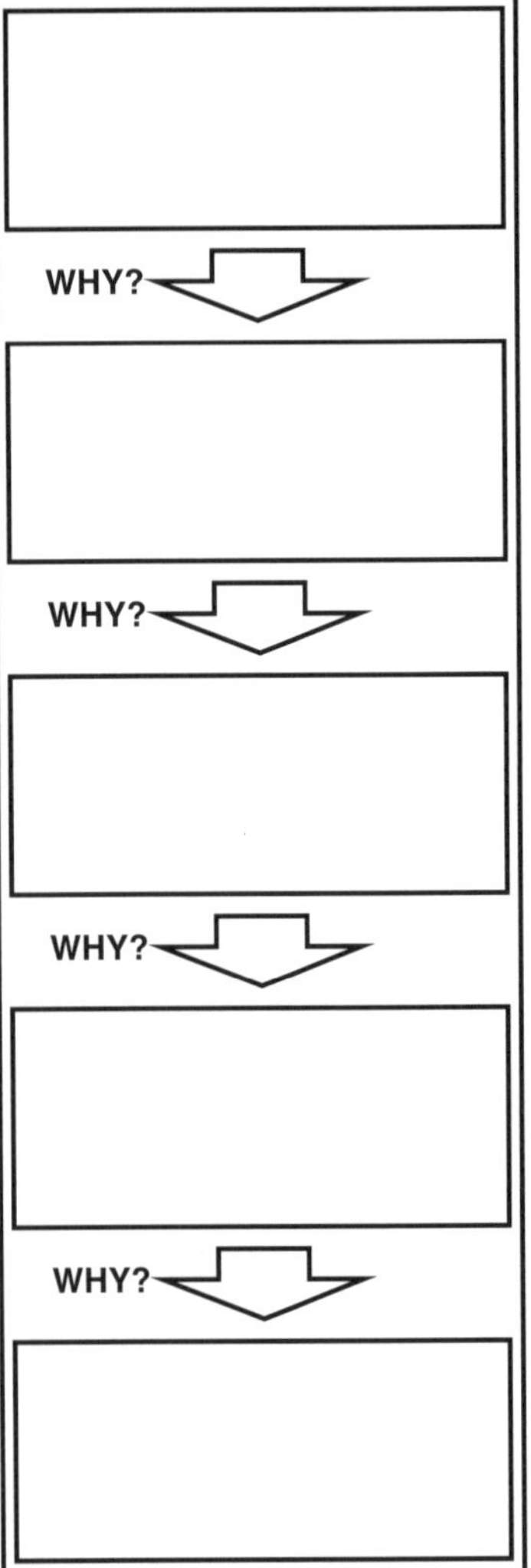

課題解決シート

テーマ：＿＿＿＿＿＿＿＿＿＿＿＿＿＿＿＿＿＿＿＿

項　目	現状分析（事象面）

※コピーしてお使いください。

はじめに

紙１枚で思考のフレームワーク「課題解決の技法」を実践する

「課題」設定と解決の力は、ビジネスの重要なコアスキルだと私は考えています。

「仕事のスピードを上げる」
「生産性を高めるタイムマネジメントをする」
「人を動かすコミュニケーションをする」
「理想のキャリアを形作る」

これらは、あなたが課題を設定し、「自分の頭で考えて行動する」ことで実現されます。

ロジカルなフレームワーク「課題解決の技法」は、Ａ４の紙1枚を使って行ないます。最少の時間で成果を最大にするものです。

私は、花王株式会社で26年間経験を積み、現在、課題解決コンサルタントとして活動しています。

この技法はもともと、花王にいたときに私のチームが開発しました。このメソッドを14年間独自に進化させ今の形に完成させました。

官公庁から、ＩＴ、自動車、食品業界……まで、５０００名の人たちに指導してきましたが、新人、ベテラン、リーダー、誰でもすぐに使いこなせるようになります。

◉「問題」より「課題」を優先させなければならない理由

では、課題解決とはいったいなんなのでしょうか。問題解決は誰もが聞いたことがあるはずです。

「問題」と「課題」は違います。

これを知らないから、多くの人が成果を出せずに悩んでいます。

問題とは、会社やチームで解決するべきことで、課題はあなたが解決するべきことです。

シンプルに言うと、問題を自分事に落とし込んだものが課題です。

たとえば、「会社の売り上げが足りない」というのは問題になります。これは、会社や部署、チーム全体で解決することだからです。

一方、**課題は解決するために組織ではなく、自分がやるべきことです。**あなたのみがやることです。

◉実行可能で、効果のある行動だけが成果につながる

「会社全体の売り上げを高めたい」、では、あなたは何をしますか？

なかなか即答できないと思います。

つまり、課題とは、解決のために自分のやるべき行動がイメージできるものでなければならないのです。

「企画をヒットさせる」というのは課題になります。これではまだ精度が高い課

題とは言えませんが、第一の課題としては十分です。
あなたが実行可能な行動で、解決できるのが課題なのです。

◉ロジカルで単純なステップを進めばいい

課題解決の技法の一連のステップは、紙1枚もしくはノート1ページで行なうことができるほどシンプルです。

- なんとなく思いついた解決したいことを書き出す（第一課題の設定）
- 解決したい課題が生まれた状況を書き出し、グループにまとめる
- グループの中で本当に解決すべきことを「真の課題」として設定
- WHY（なぜ？）を4回繰り返し、真の課題が生まれた本当の原因を確認
- 解決策を見つけ、具体的な行動を明確にする

これを書くだけで、課題解決が可能になり成果が出ます。

最後のアクションは、〝**実行可能で効果のある行動**〟に**限定されるので、最少の**

時間で成果を最大化することができます。

◉仕事を楽しみ、目標も達成する

さらに、自分自身で課題を設定し行動するので、仕事が楽しくなります。自分の頭で考えて動くので、予想通りになるのか確かめたくなるのです。

成果が出るまで、楽しみながら耐えることができ、やり抜けるのです。

ビジネスの世界に正解はないので、**ロジカルに考えて、判断し、行動することが最適解**となります。これは、社会人としての絶対条件です。

課題解決の技法は、ロジカルなフレームワークなので、非論理的な行き当たりばったりの思考や行動も防げます。

仕事の目標達成、スピード、タイムマネジメント、人間関係、キャリアに関する課題を解決できるように執筆しました。

ぜひ、紙1枚にあなたの仕事をまとめてください。

阿比留眞二

本書の構成について

本書は、仕事の目標を達成するための「課題解決の技法」を紙１枚にまとめて、成果を出すノウハウが書かれています。型に従って書き込むことで、ロジカルな思考と行動ができるようになります。


【１章】では、成果を出すために、課題解決力が必要な理由をお話ししました。“実行可能で効果的な”行動を見つけることができます。

【２、３章】では、課題解決の技法のステップをご紹介しました。さらに、事例を使いながら紙に書き込む手順をお伝えしています。

【４章】は、仕事のスピードアップについて書かれています。仕事の質が高くて速い人の３つの勘所がわかります。

【５章】は、人間関係の悩み解消について述べています。コミュニケーションでストレスを抱えないためのアドバイスです。

【６章】は、生産性を最大化するタイムマネジメントについて書かれています。

【７章】は、理想のキャリアはいかにしてつくるか、を解説しています。


第４、５、６、７章では、ベテラン、新人、リーダーを想定し、紙に書き込んだ例を紹介しました。

課題解決シートの使い方

２、３ページの課題解決シートは、実際に「課題解決の技法」の研修で使っているものと同じつくりになっています。コピーしてお使いください。

もちろん、自分のノートや紙に書いても問題ありません。書き込むことや、場所は同じです。

紙1枚で仕事の課題はすべて解決する　目次

第2章

最少の時間で成果を最大化する「課題解決の技法」

5000人が実践した〝シンプルな手順〟とは？

第3章

紙1枚にまとめる「書き方」&「事例」

気軽に書いて、確実に行動を促す

第4章

紙1枚で仕事のスピードは上がる！

質が高くて速い人の3つの勘所

第5章

紙1枚で人間関係の悩みを解消！

ストレスを生む3つの大原因に対処する

第6章

紙1枚でタイムマネジメントする

生産性を上げる時間管理3つの鉄則

第7章

紙1枚で理想のキャリアを形成する

課題解決の技法で人生計画を固める

第1章

ビジネス最強の武器「課題解決力」

成果を生む〝実行可能で効果的な〟行動が見つかる！

「ゲームクリア」＝「課題解決」

仕事のスピードを上げられない。

人間関係がうまくいかない。

仕事に充実感を得られない。

将来のキャリア形成が見えない。

私は、課題解決コンサルタントとして、研修を行なったり、コンサルティングを行なっていますが、社会人の悩みはこのようなことに集約されています。

現場の声を聞くことで、これらの悩みが生まれる理由は、多くの人が「仕事が面白くない」と感じているからだと私は気づかされました。

仕事を面白くすることによって、あらゆる悩みは消えていきます。意欲がわくので当然なのですが、これができていない人が多くいるのです。

仕事を面白くするには、「主体的に動く」必要があります。そうすると、能力も引き上げられます。

主体的に動いて、仕事を面白くする――。

このためには、課題を設定し、解決することが近道です。

与えられた仕事、自分で生み出した仕事に関係なく、何をどうやるのかを、自分で設定して進むことで仕事は楽しくなっていきます。自分の個性を出しながら仕事を行なうということです。すると、成果もついてくるのです。

会社・他者が主役ではなく、自分がメインになって仕事をする、ということを第一に考えましょう。自分でやることを見つけて、実行すること、「こうすればいい」という仮説を自分で考えて進むことが大切です。

仕事には、ストーリー性を持たせることです。自分なりの物語に沿って進むことで、面倒くさい、やりたくないということもなくなります。

楽しみながら仕事をしている人は、結果を出します。

自分なりに一つひとつの仕事を上手に処理していくことができるようになると、

人は自信を持ちます。自信を持つと、周りの人々に思い切って発言することもできるようになり、世界も広がっていくのです。

〝頑張る〟では成果は出ない！

仕事は頑張るのではなく、楽しむ、という感覚を自分自身に芽生えさせてください。

現状で仕事ができるできないは、気にすることではありません。課題を設定し、自分の頭で考えて行動を起こせるようになれば、できる人に変われるからです。

たとえ与えられたことであっても、自分で課題を設定し進むと、仕事がゲームのような感覚になります。そうすると、面白くなっていくのです。

主体的になると、いろんなことに積極的に向かえますし、失敗も解決策のための材料だと思えるようになります。

自己評価を下げることなく、目標達成まで進むこともできます。

自分なりの課題を設定する人は、仕事が楽しくなり、やる気が高まります。最後までモチベーションが続くのです。そういう人は、どんな環境にいたとしても、結果を出します。

私は毎年、昇進選考の仕事を担当しますが、「こうしてみよう」と自発的な考えを持っている人ほど評価が高い傾向があります。

自分なりに課題を設定し、それを解決するためのアクションプランを用意する。こういう人は、仕事が楽しくなって、結果を出します。そして、新しい仕事が舞い込んできて、さらに結果を出すのです。

そうなると、**自然と意思決定の機会も多くなるので、会社は権限を持つ役職を与えないわけにはいかなくなります。**

自主的に歩む人ほど、仕事の質も上がり、満足いくキャリアを得ていくのです。

主体的に動けていないと、いろいろ考えても決定打が思い浮かびません。時間だけが経って、結果を得られません。社内外の人間関係も、仕事の質も、キャリア形成も、自分主体で動ける人ほど、悩まずにうまくいきます。

自分の課題を設定し、具体的なアクションを考えることこそ必要なのです。

仕事のおもしろさは課題設定で決まる

課題を設定する意識があるかどうかで、仕事の結果は大きく変わります。

自分が何を求めているのか、そのためにどう動いていこうか、という意識があればば仕事は面白くなっていきます。

どんなレベルに仕上げようか、どう個性を出そうか、これを考えるだけで仕事への意欲は大きく変わるのです。

この仕事は、このパターンでこなしていけばいい、と決めつけてしまえば楽ですが、仕事は面白くありません。**毎回同じような仕事をしていては、刺激がない**から当然です。

自分はこの仕事に対してどんなレベルの結果を欲していて、どんな方法で達成するのかを考える人だけが結果を出します。

たとえば、私がコンサルを担当している企業さんに、営業職のAさんがいます。勤務して2年8カ月なので、もう少しでベテラン社員になります。

その会社の社長から「Aさんにもっと仕事ができるようになってほしい」という依頼で、コンサルを担当することになりました。

Aさんの上司はプレイングマネジャーで、忙しくてAさんを教育できないので、私に白羽の矢が立ったのです。

Aさんと話をしてみると、しっかりしていて仕事ができないというイメージではありませんでした。

しかし、Aさんは自分なりに頑張っているのですが、上司から仕事ができないとみなされています。

「そんなこともできないのか！」とよく言われるそうです。

私は、上司と部下の間で、すれ違いが発生していると感じました。上司が要求するものと、Aさんがやっていることに落差があると感じたのです。

無意識にできることが増えていく

そこで私は、Aさんに簡単な提案をしました。チェックリストをつくることを提案してみたのです。

仕事でチェックすべきことを10件挙げてもらい、自分がどれをやれていて、どれをやれていないのかを確認できるようにしてもらったのです。

使っているうちに、これがいつもやれていないから自分の評価が低いのだ、という項目があぶり出され、認識できるようになっていきました。つまり、上司が求める仕事のレベルがわかってきたのです。

上司は怒る、でもAさんはなぜ怒られているのかわからない。この状況を続けると、いつまで経っても評価されません。

このケースでは、シンプルに言ってしまえば、上司と自分との狙いをすり合わせることを課題とし、チェックリストを使うというアクションを考えたのです。

何と何をやればいいのか。そのあとは何を継続すればいいのかを明確にすることが大切です。

チェックリストを繰り返し使いながら仕事を進めると、上司が望んでいるやるべきことを意識することが習慣化されました。

繰り返していると、**学習が進み、無意識にやれることが多くなり、今度はやれていないことだけに意識を集中すればいいようになります。**

つまり、意識しなければならないことが減っていくのです。そうすると、やれていない数件だけに集中すれば、仕事の質が上がり、上司との関係もうまくいくことになります。

私の狙いは、もちろん成果を出してもらうことでしたが、仕事を面白くしてもらうという狙いもありました。

自分で「やるべきことリスト」の項目をつくり、できたらチェックしていく。自分で考えた行動を実行していくことは、少なくとも普段の仕事のやり方よりは面白いはずだと考えたのです。このように、課題を設定し、アクションを考えると、いろんな面でプラスの相乗効果が生まれてきます。

☰ "自分事になる"から成果が出る！

問題設定ではなく、課題設定が大事です。それには理由があります。課題設定をすることは、今、自分自身に起こっていることの原因分析をすることにつながるからです。

つまり、仕事なら自分が達成できていなかったり、人間関係やキャリアならうまくいっていない原因を知ることができるのです。

原因を知らずに前に進めるかというと、それはできません。自分事の課題を設定することではじめて、具体的なアクションを考え、実行することができるのです。

まずは、現状とそれが起きている原因を受け入れることです。

人は、自分なりに納得してからしか動き出せません。だからこそ、**原因を突き止め、課題を設定し、行動するというサイクルを自分自身で回す**しかないのです。

　このサイクルを回しさえすればいいという意志が持てれば、現状を変えていくことができます。

　問題設定をしてもなかなか人は具体的な行動を起こすことができません。自分事でなければ、何をすればいいのか、がわからないからです。

　課題を設定することで、やるべきことが見えてきます。そして、自分に合った解決策を見つけることができます。

　次の項目でご紹介しますが、問題と課題の違いを知らない人は多いものです。

　私は、真の問題解決は、一人ひとりが課題を設定し解決することが積み重なった結果だと考えています。

　つまり、問題はひとりでは解決することができません。自分が何をすればいいのかが不明確だからです。

　だからこそ、私は課題設定とその解決に意識を向けることが大切だと考えるのです。

効果的な行動は「問題と課題」の違いを知れば見つかる

ここで、「問題」と「課題」の違いを明確にしておきます。

たとえば、会社の売り上げが足りないというのは「問題」です。

「問題」は、一般的なことで、どこにでもあるような現象のことです。大きなことであり、自分では解決することができません。他人事《ひとごと》だと感じることは、「問題」だと言えます。

たとえば、営業用のレターを配布する数を増やす、というのは「課題」です。自分が解決しなければならないと思えることは、課題になります。自分が動いて改善しなければならないという、意思が生まれるものが「課題」です。

「問題」ではスケールが大きすぎて、自分では解決できません。自分事にできないからです。

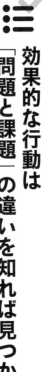

つまり、「課題」とは「問題」を具体的に自分事に落とし込んだものです。人は、これしか解決できません。

会社の売り上げを漠然と上げることを「課題」として設定すると、動きようがなくなります。

「問題」を細分化し、自分事にしなければアクションが取れなくなります。

また、「売り上げが足りない」ということでは、言い訳ができてしまいます。景気が悪いから、会社が保守的だからなどと、どうにでも逃げられるのです。自分がやらなくてもいいこと、本気になれないことでは、自主的に動けません。

自分が動くことで売り上げが積み上げられていく。では、そのために何を解決すればいいのか、この視点を持ってください。これが、会社のためにも、自分のためにもなるのです。

具体的な行動がともなうものが「課題」なのです。自分のアクションが効果的なことが条件となります。

ボーリングをして、苦痛ナシで〝耐える〟

私は趣味のボーリングを毎週楽しんでいます。ボーリングでは、ピンを倒すことを目指します。しかし、ガターでは０点です。

ボーリングにおいても目標に対して自分のアクションがどう効果を発揮するか。正しい動きができればストライクになります。だけど、動き方を知らずに投げるとガターになる可能性が高まります。

投げ方を考えて、目標を狙うことが大切なのです。

適当に投げてしまえば、いい得点は取れません。結果として、面白くないわけです。

しかし、ストライクを取っていければ楽しくなります。

目標を持ち、どう投げればいいのかを自分なりに考える。どのラインにボールを通せばいいのか、そういったことを調べてこそ目標は達成されます。

社会人は何度も何度もトライして、目標を達成しなければなりません。

ボールがピンに当たらないと面白くない。当たると面白くなる。マイボールを購入したり、シューズも揃《そろ》えようとする。

工夫することで、どんどんボーリングも楽しくなるのです。

これと同じで、**課題を設定することで、アクションに工夫が生まれ、目標は達成されます**。そして、次なる目標へと向かう意欲がわいてきます。

楽しみながらなら、どんなことにも耐えることができます。なかなか現状を打開できなくても、自分なりに仮説を立て進んでいるのなら、仕事を面白く行なうことができるのです。


課題設定することで、自分事だと思えるようになる。具体的な行動を考えられる。行動に工夫ができるようになる。

達成まで、楽しみながら仕事を進めることができる。うまくいかなくても耐えて、やり抜くことができる。

課題設定をする人だけが、コンスタントに結果を残していくのです。

主体的な仕事はラクラクやり抜ける

場当たり的な仕事をすることも時としてあるでしょう。与えられた仕事をしなければならないこともあるでしょう。

そんなときでも、仕事を自分事にすることができれば、主体的に動くことができるようになります。

そのために必要なのが、課題設定とそれを解決するためのアクションを用意することです。

「なんとかこなした、疲れた……」と感じてしまうような仕事のしかたでは自分を消耗させるだけです。与えられたことに対して、どれだけ個性を出してアクションしていくかがポイントになります。

場当たり的な仕事がすべて悪いわけではないのです。与えられた元々の仕事がつまらないわけではないのです。

うまく工夫しないから、楽しい仕事にならないのです。

「こんな仕事には、メリットがない」と思ってはいけません。仕事を自分なりに調理して、いかにメリットのある〝おいしい〟ものに仕上げていくかが大切です。

社会人なら、どんなときでも目の前に仕事はあるわけです。つまり、**素材はあるので、それにどのように味付けしていくかに意識を向けてほしい**と思います。

場当たり的だから雑にやる、与えられた仕事だからほどほどにこなすのではなく、ひとつずつ頭を使って個性を出し、評価を得ることが大事です。

こなすのではなく、自分なりに工夫しながら仕事を進めると、周りで見ている人の評価も変わります。この人は仕事が丁寧だな、みんなとちょっと違うな、という存在になっていくのです。

創造的に料理の調理法を変えれば、味はどのようにも変えられます。「この仕事はこの味だけ！　おいしくない！」というのでは、いつまで経っても成果は出ません。どんなことでも、自分なりに楽しむことはできるのです。

三 やりたくないことを「高い能力」でやれる人

現在、自分がやりたくないことをしている人も、課題を見つけると一つひとつの仕事が楽しくなっていきます。

そもそも好きではない職についてしまった、希望の職種につけなかった、就職してみたものの考えていたような仕事ではなかったなど、誰もが思い通りにはなっていないはずです。

だからといって、仕事をしないわけにはいきませんし、成果を出さないわけにもいきません。

やりたくない気持ちが強まると、仕事がつまらなくなってしまいます。

職場や取引先の人で嫌な人がいると仕事が楽しくなくなりますし、やる気もなくなってきます。

しかし、社会人なら、人間関係が嫌だから仕事をしない、ということはできません。

仕事や人間関係を改善していくことが必要になります。

仕事がつまらないからと放っておくのではなく、自分事にするにはどうすればいいのか？　こう発想を変えていくことです。

人間関係も同様に、あの人が嫌い、と決めつけるのではなく、もっと楽しく接するにはどうすればいいのか、うまく相手に動いてもらうにはどうすればいいのかと考えるべきです。課題を持ち、受け身の姿勢を変えなければなりません。

嫌なことにとらわれては、能力が発揮できません。結果も出ません。

自発的に動いていけば、何かしらの変化が起こり、嫌なことが一生続くことはありません。

次の展開を自分でつくり出すために、課題を設定すればいいのです。積極的に、物事に向かう。そのために、いろんな力を身につけていく。こうすることで、はじめて仕事は楽しくなっていくのです。

思考停止は解決策が見つかる前触れ

人がネガティブになってしまうのは、自分が「どうすればいいのか？」がわからなくなったときです。

何をすればいいのかわからないときは、思考が停止してしまいます。

課題解決の技法を知ることで、前に進み続けられるというメリットがあります。

課題解決のステップを研修で受けた人々は、皆さん〝仕事人生〟を変えていきました。仕事や人と接することが楽しくなり、能力が引き出されるからです。

原因分析をするために、「どうしてだ？　どうしてだ？」と、考えていくことは、一見つらいことのように思えます。

でも、実際はそうではありません。

なぜなら、それは**自分が足りなかった部分を見つけていく作業**だからです。これが見つかると、行動の糸口がつかめます。

思考がプラスに傾いていくのです。感情もポジティブになっていきます。当然、仕事の質が高まります。

今までのマインドセットは覆《くつがえ》され、解決策に意識が向かいます。課題を設定すれば、自分事になる。自分事になると、具体的なアクションを考えつく。

つまり、実行力が高まります。

どんな状況になったとしても、そこから自分ではい上がることが可能になるのです。

この４つで社会人は悩む

仕事上の悩みは、**仕事のスピード、人間関係、タイムマネジメント、キャリア形成についてが主**です。

収入についての悩みもありますが、お金はこれらの悩みの解決が積み重なるとついてきます。

人は、理想と現状のギャップに悩むものです。もちろん、現状のほうがレベルが低い人が圧倒的に多いでしょう。

しかし、これは誰もが抱えていることなので、悲観する必要はありません。自分ひとりが悩んでいると思いつめないでください。

ギャップがあって当たり前だと思うことです。だからこそ、課題を設定して解決していってほしいのです。

リーダーの悩み

リーダーは、一社員として仕事を進めることが許されません。ポジションによって違いはありますが、チーム、部署、会社を動かし、継続して結果を出していくことが使命になります。

本書では、部長以下の役職者をリーダーと設定してお話ししていきますが、上と下の板挟みになって悩みを抱えています。

上からは難しいノルマを課され、下には教育をしなければならない。人をうまく動かさなくてはいけません。

プレイングマネジャーなら、自分の仕事もあります。

リーダーは、いろんな仕事をしているから、時間も不足してしまいがちです。

ベテランの悩み

入社3年以上のベテランも悩みを抱えています。

新鮮味がなく、仕事がマンネリ化する時期です。仕事をする理由が、生活するためになっている人も多いものです。

「仕事なんてこんなものだ」と固定概念が生まれ、「これをやればいいんでしょ」という感覚が刻まれています。

人間関係にも慣れが生じており、関係が良くない人とはうまく距離を置き、改善することを積極的にしなくなります。

本当は、関係が良くない人でも、自分の成長のためのキーマンなら、強い関係をつくらなければならないにもかかわらずです。

仕事の質も低下してくることがあります。いい意味でも悪い意味でも手を抜くコツをつかみ、それだけに、ベテラン社員同士にどうしても格差が生まれ、他者との比較で自分のレベルの低さに悩むこともあります。

やりがいがなくなり、どんどん会社に行くことが面倒になります。

また、中堅になると、意図せず仕事で抜擢《ばってき》されることもあります。抜擢されたからと、しかたなく頑張り、荷の重さで潰れる人もいます。

新人の悩み

入社3年以内の新人は、社内外の人々との年代の差から、コミュニケーションがうまくいかないことが多くあります。

仕事の悩みで言えば、どうすればいいのかわからない部分も多々あり、ひとりで悩んでいる時間が多かったりします。生産的に行動できず、評価を高められない悩みを抱えます。

新人は、段取りがわからなかったり、仕事のやり方がわからなかったり、と悩むのです。

年代ごとに、ポジションごとに、社会人は悩みを抱えながら仕事をしています。だからこそ、課題解決の技法を知り、悩みを解決しましょう。課題を設定できると、自主的に仕事をすることができるようになるので、楽しみながらモチベーションを高く保つことができます。

理想のキャリアは〝ふくらませる〟と実現する

本書のようなビジネス書を読まれる人は、自分のキャリア形成についても意識を向けていると思います。この先どうなっていくのか、という不安。もしくは、こうなっていきたい、というようなイメージがあるのではないでしょうか。

多くの人は、このキャリアについて、どうやって形成していけばいいのかが見えないものです。このままでいいという現状維持では、仕事は面白くないものになってしまいます。

理想のキャリアを実現したいなら、「役職者になるため、独立するために頑張る」というような漠然とした考えではいけません。

では、キャリアを自分で形成していくにはどうすればいいのでしょうか。満足いく将来をつくるには、どうすればいいのでしょうか。

それは、社内で出世するにも、独立するにも、**今の仕事の中で付け加えるべきことはないか**、と考えてみることです。

つまり、仕事の幅を少しずつ広くしていくことがポイントになります。そうすると、やることが少しずつ大きくなっていくので、社内で出世の機会に恵まれますし、独立も視野に入ってきます。

このときも、自分の不足を見つけて課題を設定し、解決していくことがカギとなります。

自分の今の仕事周りで、少しずつ仕事のスケールを膨《ふく》らませていく。これが近道です。

課題を持っていると、自分に不足しているものに意識が向くのです。解決のためのアンテナも張りめぐらされることになります。

課題解決の技法を知ると成果が激変する

自分自身と真剣に向き合うこと。そうすることで、仕事に関する悩みは消えていきます。

今やっていること、これからやること、としっかり向き合い動いていきましょう。

仕事を自主的に行ない、自分で自分の人生を形づくっているという感覚を持ってください。

解決すべき課題を設定し、楽しみながら仕事をする。

これが、成果を出す秘訣です。

次の章では、具体的に「課題解決の技法」のステップをご紹介していきます。

第１章 まとめ

・課題を設定することで主体的になり、仕事で成果が出る
・「レベル設定」と「個性」が、仕事を面白くする
・自分事でなければ、人は動けない！
・問題と課題の違いがわかれば、具体的な行動ができる
・仕事の味付けが、評価につながる
・やりたくない仕事は、発想を転換して、自分のためにやる

第2章

最少の時間で成果を最大化する「課題解決の技法」

5000人が実践した
〝シンプルな手順〟とは?

花王で開発され、14年の独自改良で完成！

本書は、これからご紹介する「課題解決の技法」を1枚の紙に書いて、課題を解決し、成果を出すことを目指します。

そのためこの章では、この「課題解決の技法」を理解していただきたいと思います。

この課題解決の技法は、私が元々社員として所属していた、花王株式会社で開発されました。このメソッドは現在でも花王で使われています。

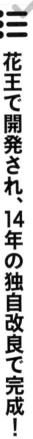

私は、管理部門、販売部門、社員教育部門と経験し、様々な仕事を担当してきました。そして、社員教育部門の仕事を担当したときに開発した技法が、本書でご紹介する課題解決の技法のベースとなっています。

花王を退職してから、私は課題解決コンサルタントとして14年間活動してきました。そして、その技法を独自に進化させ、現在の形に完成させました。

課題解決の技法は、自分の真の課題を見つけ出し、３つのアクションを用意して、成果を出すためのテクニックです。

簡単な課題解決のステップを踏んでいくと、解決することで効果のある課題を設定し、具体的に実現可能な行動を見つけ出すことができます。

これを知ることで、意味のある打ち手を実行することができるようになっていくのです。

ＰＤＣＡサイクルというものがあります。

Plan（計画）→Do（実行）→Check（評価）→Act（改善）という４つのことを繰り返し行なって、業務を改善し成果を得る手法です。

元々私たちも、この手法を部下に行なうように指導していました。

しかし、化粧品の美容部員の人々にＰＤＣＡサイクルを回すようにお願いしたのですが、なかなか成果が出ませんでした。

私たちは、何かが足りないのではないかと考えるようになります。

成果を出すにはRが必要！

美容部員の人々と話し合ってみると、Ｐの部分でつまずいていることがわかりました。

Ｐの段階で、あいまいな計画を立てているケースがとても多かったのです。プランニングに時間をかけていないことがわかりました。「とりあえず計画してみればいいんでしょ」という具合だったのです。

そこで、私たちは、ＲＰＤＣのサイクルを回してもらうことにしました。そうすれば、精度の高い計画が立てられると考えたからです。

Ｒは、リサーチのことです。調べる、調査することです。

今、支障が出ている原因をあぶり出し、整理してから、それを解決するプランを立ててほしいと提案しました。

どんなことが起こっていて、成果が出なくなっているのかを明確にしてから、それを解決するためのプランをつくろうと提案したのです。

これが功を奏し、実際に業務が改善されたり、成果が出るようになりました。するど、美容部員の一人ひとりにも変化が起こったのです。

各自に自信が出てきました。この自信は、次への成果を生み出していきました。

何をすれば業務が改善されるのかを、自分たちで明確にすることができるようになったからです。

「では、どうすればいいのか？」ということが明確なので、一つひとつの行動が成果につながりました。

課題解決の技法は、このＲＰＤＣが改良されでき上がった花王の課題解決の技法に、さらに私が改良を続け完成させたものです。

真の課題を見つけ、それを解決するための行動を明確にするシンプルな技術です。

難しいことはないので、誰でも使いこなせるようになっています。

【一流の常識】ロジカルな判断と行動が最適解

社会人になると、いきなり仕事で成果を出すことを求められます。

学生時代とは違い、答えのないビジネスの世界で、答えをつくり出さければならなくなるのです。

課題解決という言葉は、時折耳にすることがあるでしょう。しかし、課題解決の意味をしっかりとわかっている人は少ないものです。

私が申し上げたいのは、社会に出るとそのテクニックも知らないまま、課題解決を求められるということです。

当然、課題解決の方法を知っている人は少ないので、経験であったり、思いつきで仕事を進めることになります。

これは、非生産的です。

ビジネスでは正解はありませんが、**ロジカルな判断をしていくことが、成果を出す近道**と言えます。

ロジカルに考えて、行動して、お金を得ることが社会人としての絶対的条件です。感情や感覚のみで動くということは、勘でお金を得ようとしていることだからです。こんなことは、社会人には許されません。

だからこそ、ひとつでもいいのでロジカルに動くための技術を知ることにメリットがあります。

本書を選んでいただけたということは、私の課題解決の技法を選んでいただいたということで、本当に感謝しています。

もちろん私の技法を使っていただくことはありがたいのですが、そうではないとしても、ロジカルな判断をして行動する技術を、ひとつは知っておくべきだと思います。

うまくいかない理由を考え、解決するべき課題を設定する。課題解決の技法に自分の状況を当てはめ、解決していってほしいと思います。

自分の中にひとつの型を持っておくことで、行き当たりばったりであったり、経験のみを基にして行動し、失敗することが避けられます。

型に当てはめなければ非論理になる

冷静に物事を判断して、ロジックに沿って課題と解決策を考える。フレームワークで考えることで、成果が出せる可能性は高まります。

自分自身で考えれば、もちろん課題も解決策も納得したものとなります。それもロジカルな形のものです。

自分がロジカルに考えられていなければ、他者を動かすことなどできません。自分ひとりで解決できない課題に向かうときに、人に協力してもらうためにもロジカルに説明する必要があります。この技法を使えば、その説明もスムーズにできるようになるでしょう。

そして何よりも、自分主体の仕事をつくり上げることができます。自分がどうしたいのかを明確にし、ロジカルな解決策をつくり、実行する。こうすることで仕事は楽しくなります。

ロジカルに考えるには、型が必要です。ロジカルかどうかは、自分自身ではなかなか確認することが難しいものです。だからこそ、ロジカルな型を使って、それに沿って思考し、行動することをおすすめします。

自分は正しいと思って突き進んでいても、全くロジカルではなかったということはよくあります。

課題解決の技法は、1～7のステップを踏みます。

研修で、まずはこの技法を伝えずに、好きに課題の設定と解決策を考えてもらうと、1、7のみの順序を踏む人が多く出てきます。**2、3、4、5、6を抜かしてしまうことで、非論理的になってしまう**のです。

これは、論理の飛躍であり、成果につながることはなかなか難しいと言えます。

だからこそ、ロジカルな課題解決の技法を知り、実行してもらいたいと思っています。

では、次から具体的にステップを見ていきましょう。

課題解決の技法——シンプルなステップ

課題解決の技法は、１〜７のステップで成り立っています。初めのうちは少しステップが多いと思うかもしれませんが、一つひとつのステップは時間がかかるものではありません。

また、研修を何度か受けて慣れた方では、１、２、３をまとめて行なうことができるようになり、短時間で完了することもできるようになりますので、あなたも同じようにできるようになるでしょう。

繰り返しますが、この課題解決の技法は、花王の社員時代に私たちのチームが開発し、14年間改良を加えたので、シンプルで効果的なものに進化しています。

やるべきことが明確になり、動きにムダがなくなるように工夫しました。

やるべきステップは次のようなことです。

❶第一の課題を挙げる
❷その課題を生み出している事象や困っている状況を挙げる
❸事象と困っている状況をグループ分けして整理する
❹真の課題を設定する
❺「ＷＨＹ」を４回繰り返す
❻解決策を見つける
❼具体的なアクションプランを考える

このような流れを行なうことで、本当に解決すべきことが見つかり、効果的な行動を明確にすることができます。

ロジカルな手法です。論理の飛躍も起こりにくく、適切な判断ができるので、成果を出しやすくなります。

ぜひ、仕事を自分事に変化させ、主体的に動けるようになってください。

❶第一の課題を挙げる

まずは、**気軽に思いついた自分の課題を挙げてみます。**

ただし、注意が必要です。なぜなら、問題と課題を混同してはいけないからです。自分事になっていることが大切です。

自分ではどうしようもないような、スケールが大きなことを設定してはいけません。あくまで個人でやるべきことを課題として挙げます。

あなたが所属している会社や、部署のことは、この場合は捨ててしまってください。

「部署の売り上げをアップさせる」「会社の顧客対応の仕組みを変える」などは、問題です。

課題は、「自分が困っていて解決したいこと」だと考えてください。たとえば、

「自分が担当したお客様のクレームを減少させる」「自分の企画の計画プランの穴をなくす」などはいいでしょう。

思いついたものを挙げればいいのです。苦慮《くりょ》していることを挙げてみてもいいでしょう。悩みや克服したいことでも、なんでもいいので挙げてみてください。

気軽に考えて一度挙げてみます。思いついたものでよく、「取引先との人間関係を改善する」というような程度で大丈夫です。

この課題は、真の課題をあぶり出すための材料のようなものなので、厳密である必要は全くありません。

「どれを解決しようかな～」という程度の軽い気持ちで挙げていってください。

また、初めのうちは厳選せず、いくつ挙げても大丈夫です。そして、挙げ終わったら、最優先のものを選びましょう。

慣れてくると、だいたいこのステップではひとつか2つに厳選することができるようになります。ここでは、課題を「**自分が担当したお客様のクレームを減少させる**」ということにします。

❷ 課題を生み出す「事象」や「困った状況」を挙げる

第2ステップでは、「自分が担当したお客様のクレームを減少させる」という**課題を挙げるに至った、事象や困った状況を挙げます。**

事象とは、客観的な事実と現象です。

このとき、自分の会社の今の状況も挙げることをオススメします。

困った状況とは、「○○しているのに△△だ」というようなことです。たとえば、「しっかり報告しているのに、上司から返事がないからだ」というようなことです。

好き嫌い、感情や感想は除いた「客観的な事実」や、困った状況を書き出します。

なかなか成果が出せない人ほど、思い込みで事象や困った状況を挙げてしまい、論理的にステップ2を行なうことができません。

たとえば、「Bさんはクレームの対応をしてくれない」はＯＫですが、「Bさんはクレーム対処が嫌いだから、メール対応をしない」は〝嫌いだから〟と勝手に自分が考えた客観的ではない事柄です。

このとき、特に重要だと思う困った状況にはラインを引いておきます。

たとえば、次のようなことが挙がります。

1　会社は、家庭用品の製造・販売メーカー
2　社歴80年、社長は４代目
3　競合メーカーは５、６社、シェアは常に３位
4　ＴＶのＣＦで見て、新製品を購入していただくケースが多く、評判は比較的良い
5　リピーターが多く、ロングセラー商品も多くある
6　お店側も営業側に対するクレームはほとんどない
7　センター長他８名のオペレーターが常時おり、お客様のクレームを販売側、開発側に情報として流している
8　ほとんどが電話を通してクレームは入ってくるが、定時に仕事を終えている
9　最近の会議で、同じお客様からクレームが発生していることが判明した

❸グルーピングする

事象と困った状況を挙げ終わったら、似ているものをグループにします。グルーピングです。

これは、ロジカルシンキングの本などでは、帰納《きのう》と呼ばれる手法です。個々の具体的な事柄から、一般的な命題や法則を導き出すことです。個々の似ている事象を、抽象度の少し高い言葉でくくります。

この作業は、事象を挙げるときに、似ている事柄を近くに書き出していくと、紙面の上でグルーピングしやすくなります。

たとえば、

1　会社は、家庭用品の製造・販売メーカー

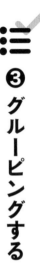

２　社歴80年、社長は４代目

３　競合メーカーは５、６社、シェアは常に３位

は、**「会社・競合との関係」**でくくることができます。

４　ＴＶのＣＦで見て、新製品を購入していただくケースが多く、評判は比較的良い

５　リピーターが多く、ロングセラー商品も多くある

６　お店側も営業側に対するクレームはほとんどない

は、**「顧客との関係」**とくくれます。

７　センター長他８名のオペレーターが常時おり、お客様のクレームを販売側、開発側に情報として流している

８　ほとんどが電話を通してクレームは入ってくるが、定時に仕事を終えている

９　最近の会議で、同じお客様からクレームが発生していることが判明した

は、**「社内の連携」**とくくることができます。

グルーピングを行なうときも、客観的に行なうことが大切です。思い込みや希望だったり、自分に都合のいいようにグルーピングすると、事実と反することをやってしまうことになります。

このとき、グループの中の項目の多さや、ラインが入っているものが多いグループに意識を向けておいてください。

❹ 真の課題を設定

グルーピングを行なったら、『真のテーマ』を見つけます。

3つのグループの中にある項目の数は、すべて同じような個数でした。

そこで今回は、「社内の連携」のグループにラインが多いので、このグループが『真のテーマ』であると見当をつけます。

真のテーマは「社内の連携を改善する」ことであり、その中で最も優先的に取り組むことを「真の課題」として設定します。課題は、複数の項目を組み合わせてつくっても大丈夫です。

今回は、

「同じお客様からクレームが発生していることを防止する」

ということを、真の課題として設定します。

⑤「WHY」を４回くり返す

課題の解決策を見つけるために、「同じお客様からクレームが発生している」原因を探します。

「WHY？」を４回繰り返します。ただし、理系の技術者の方など専門性が高い仕事をしている方は、５回繰り返すようにおすすめしています。「なぜ？　なぜ？」と繰り返していくことで、真の課題を生み出している原因がわかります。

「同じお客様からクレームが発生している」

【WHY ①】

「クレーム発生の際、オペレーターから、内容を販売側と開発側に流しているが、その後のお客様への連絡がないから」

【ＷＨＹ②】

「クレームは、販売、開発側の責任なので、伝えれば自分達の仕事は完遂したと思っていたから」

【ＷＨＹ③】

「仕事の役割が不明確でセンター内であいまい」

【ＷＨＹ④】

「センター長の指示が一方通行で、社内の役割分担、責任所在が明確ではなかったから」


というように、意外な原因があることがわかりました。

このＷＨＹ？　を繰り返すことで、主観を捨て客観的に課題に向かうことができるようになります。物事の本質を見極めることで、より良い解決策が見つかります。

１回や２回のＷＨＹ？　では、本当の真因は追求できないので、最低４回は行なってください。

❻ 解決策を見つける

真の課題を生み出した最大の原因は、

「センター長の指示が一方通行で、社内の役割分担、責任所在が明確でなかったから」

でした。

「同じお客様からクレームが発生していることを防止する」

という真の課題を解決することが最も優先してやるべきことです。

ステップ６では、その解決策を３つ挙げます。

なぜ、３つなのかといえば、人は「あれ、これ、それ」くらいしかやることができないからです。

たとえば、

１「センター内の会議を指示だけでなく、双方向の問題解決型にする」
２「責任を持ってクレームの仕事を完遂する」
３「現在発生している二次クレームに関しては、各担当者で話し合う」

というようなことが、考えられます。
ここまでくれば、解決はもうすぐです。解決策を実行するためのアクションプランを考えていきます。

❼ 具体的なアクションプランを考える

解決策を基に、具体的にやるべき行動を考えていきます。

１「センター内の会議を指示だけでなく、双方向の問題解決型にする」

【アクションプラン】

「来月から、司会の担当を毎月代えて、仕事に変化を持たせる」

２「責任を持ってクレームの仕事を完遂する」

【アクションプラン】

「来週から、事務作業よりもクレーム対処を優先させるルールにする」

3「現在発生している二次クレームに関しては、各担当者で話し合う」

【アクションプラン】

「10日以内に、処理方法を決定し、実行する」

というようなことが考えられるでしょう。

アクションプランを作成するときに必ずやってもらいたいのが、実行の期限を決めるということです。

アクションプランは、具体的な行動にしてください。また、実行可能で効果があるものを考えるようにしてください。

アクションプランが決まっても、実行できないのなら、課題解決の技法を行なった時間がムダになってしまいます。

課題解決の技法は、こういったサイクルででき上がっています。一つひとつすべてが重要なものです。

ひとつでも行なわない課程があると、ロジカルな思考や行動ができなくなってしまいます。

ビジネスでは、ロジカルな判断をして、ロジカルな行動をすることが大切です。ぜひ、このステップを踏み成果を出してみてください。

次章では、この課題解決のステップを、紙やノートに落とし込んでいく方法をお伝えします。

第２章 まとめ

- 「真の課題を設定」＋「３つのアクション」で成果は出る
- 課題解決の技法は、ロジカルな判断と行動を促す
- 第一課題は気軽に思いついたものでいい
- 事象も困った状況も、感情を捨てて書き出す
- ＷＨＹを４回繰り返すと、真因を追求できる
- アクションプランは、実行可能で効果のある行動にする

第3章

紙1枚にまとめる「書き方」&「事例」

気軽に書いて、確実に行動を促す

書き方はカンタン！「順番の解説」

ここまでで、課題解決の技法のステップはご理解いただけたと思います。

ここからはいよいよ、実際に紙に書いて課題を解決する方法をご紹介していきます。

35歳　入社10年目　営業課長（課長になって3年目）男性　が、紙に書いたものを事例としてご紹介しながら、書き方を紹介していきます。

この営業課長は、上の指示で営業目標を部員に達成させなければなりません。

当然、営業課長は、部下にも目標売上額を伝え、各個人にノルマを達成させたいと思っています。しかし、話は聞いてくれたのですが、部員各個人は自分なりに目標を立てて、売り上げ達成に向けて進んでくれているとは思えません。

自分が空回りしているのも感じています。また、上からの指示を達成できないこともあり、責任も感じています。

まずは、A4の紙1枚もしくは、ノートを用意します。紙、ノートは横向きで使ってください。

順々にご説明していきますが、まず書く場所をざっとご紹介しておきますので全体像をイメージしてみてください（次ページ図）。また、矢印で書き込む流れを示しておきます。


【ステップ1】紙の左上に「第一の課題」を書きます。

【ステップ2】紙の左半分部分に右寄せで事象や困った状況を書きます。

【ステップ3】事象と困った状況をグループ分けして、その左にそれをくくる言葉を書きます。

【ステップ4】紙の右半分の左側一番上に真の課題を書き込みます。

【ステップ5】「WHY」を4回繰り返してその答えを書いていきます。

【ステップ6】解決策を3つ考え、紙の右半分の右側に書きます。

【ステップ7】各解決策の下に具体的なアクションプランを書き込みます。

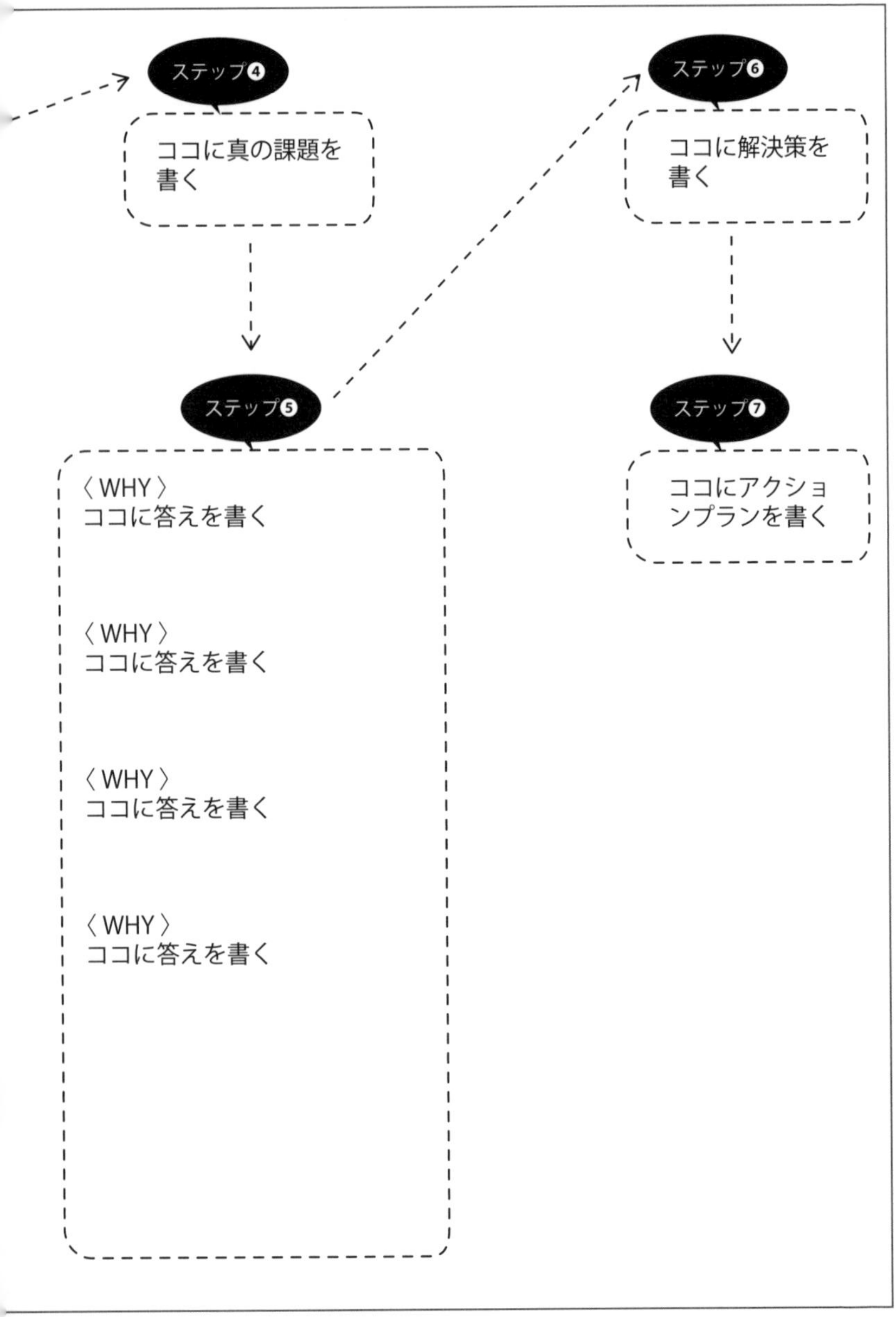
ステップ❹
ココに真の課題を書く
ステップ❺
〈WHY〉
ココに答えを書く
〈WHY〉
ココに答えを書く
〈WHY〉
ココに答えを書く
〈WHY〉
ココに答えを書く
ステップ❻
ココに解決策を書く
ステップ❼
ココにアクションプランを書く

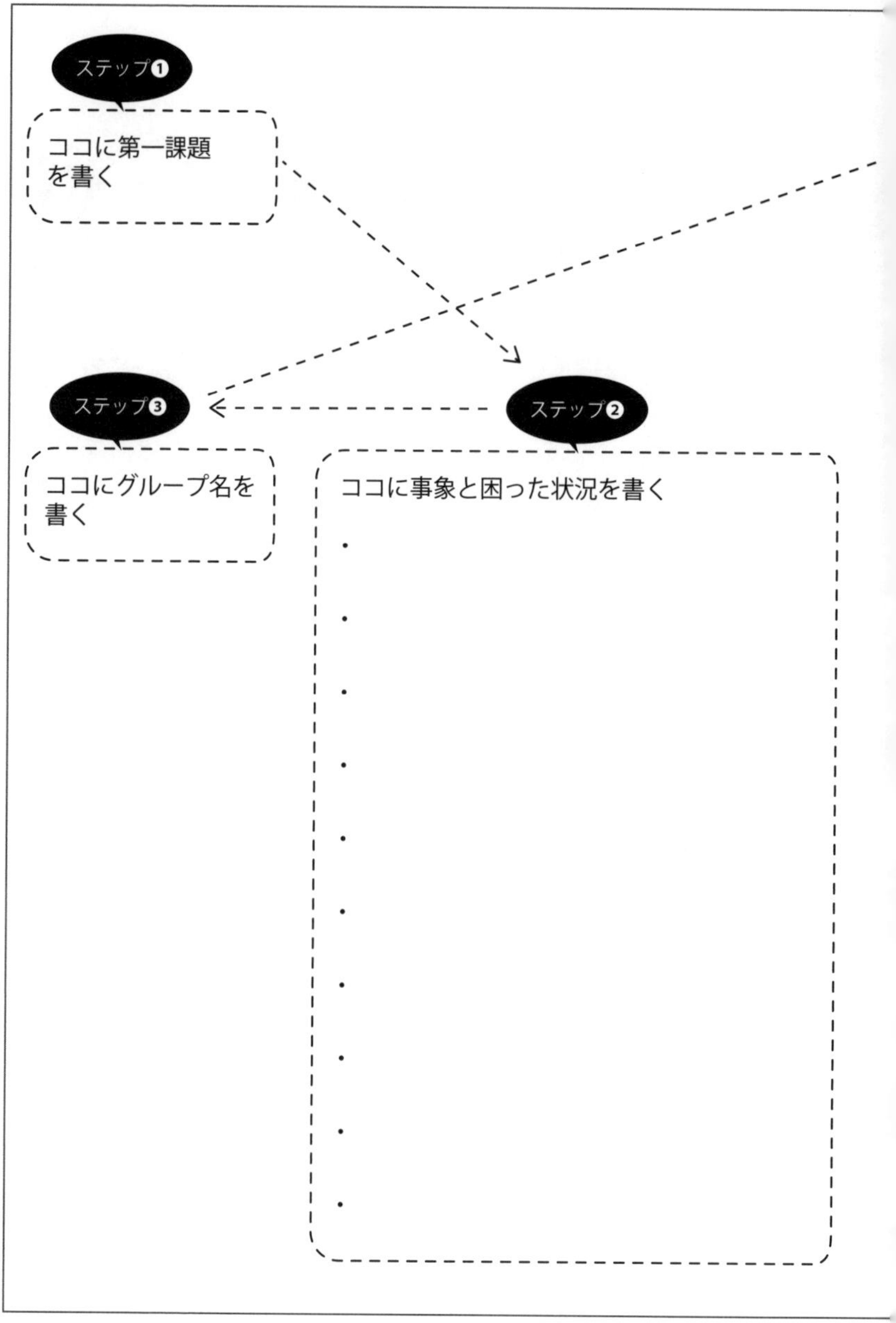
ステップ❶
ココに第一課題
を書く
ステップ❸
ココにグループ名を
書く
ステップ❷
ココに事象と困った状況を書く
・
・
・
・
・
・
・
・
・
・

手順１【ステップ１】第一の課題を挙げる

まずは、第一の課題を書きます。

課長は、第一の課題を「主体的に動く部下が育たない」としました。紙の左上に「主体的に動く部下が育たない」と書きます（２ページ先の図）。

手順２【ステップ２】課題を生み出している事象や困った状況を挙げる

次に、課題を生み出している事象や困った状況を、紙の左半分部分に右寄せで書きます（２ページ先の図）。

課長は、次のような事象と困った状況を思いつき、書き出して、困った状況にはラインを引きました（このとき、グルーピングしやすいように、同じグループに入りそうなものを近くに書くようにします）。

- 機械設備の卸売販売業
- 本部組織は、会長、社長、営業部長、営業課長、営業部10名、事務４名
- 営業所は東京、神奈川、埼玉、仙台の４カ所

・会長時代からの得意先が8割を占める　既存顧客中心

・リピーターが多く、大型設備機械が売れれば3年は動きがなく、アフターサービス中心

・社内の雰囲気は比較的穏やかであり目立った問題はない

・営業地域の担当制が明確で、目標が厳しく割り当てられている

・営業職はひとりで仕事を抱えるケースが多く、時間外も土・日出勤もある

・部長、課長主催の営業会議は、月初と20日前後にあるものの目標達成中心の会議となっている

手順3　【ステップ3】　事象と困った状況をグルーピングする

事象と困った状況をグループ分けして、その左にそれをくくる言葉を書き込みます。課長は、1~3項目は「**会社・競合との関係**」、4、5項目は「**顧客との関係**」、6~9項目は「**社内の連携**」という言葉でくくりました（次ページの図）。

ステップ❶

主体的に動く
部下が育たない

ステップ❸

会社・競合との関係

ステップ❷

- 機械設備の卸売販売業
- 本部組織は、会長、社長、営業部長、営業課長、営業部10名、事務4名
- 営業所は東京、神奈川、埼玉、仙台の4カ所

顧客との関係

- 会長時代からの得意先が8割を占める　既存顧客中心
- リピーターが多く、大型設備機械が売れれば3年は動きがなく、アフターサービス中心

社内の連携

- 社内の雰囲気は比較的穏やかであり目立った問題はない
- 営業地域の担当制が明確で、目標が厳しく割り当てられている
- 営業職はひとりで仕事を抱えるケースが多く、時間外も土・日出勤もある
- 部長、課長主催の営業会議は、月初と20日前後にあるものの目標達成中心の会議となっている

手順４　【ステップ４】　真の課題を設定

紙の右半分の左側一番上に、「真の課題」を設定し、書きます（３ページ先の図）。「社内の連携」のグループに事象が多く、ラインも多かったので、８、９項目を合わせて、真の課題を**「営業職はひとりで仕事を抱えるにもかかわらず、話し合いの場は月２回の営業会議のみ」**とし、課長は紙の右半分の左側一番上に書き込みました。

手順５　【ステップ５】「ＷＨＹ」を４回繰り返す

「ＷＨＹ」を４回繰り返して、各々その答えを下に書いていきます。課長は次のように書きました。

「営業職はひとりで仕事を抱えるにもかかわらず、話し合いの場は月２回の営業会議のみ」

↓　ＷＨＹ①

「営業に対する上司（課長、部長）の目線は、常に営業目標達成に向けられている」

← WHY②

「上司は、昔流の気合で仕事は乗り切れると考え、努力が足りないと思っているから」

← WHY③

「過去の遺産といえるリピーター中心から新規顧客への意識改革がなされていないから」

← WHY④

「上司が、メンバー全員との意思疎通を欠いているから」

手順6 【ステップ6】 解決策を見つける

解決策を考えて、紙の右半分の右側に書きます（2ページ先の図）。

課長は「上司が、メンバー全員との意思疎通を欠いているから」という解決すべきことがあぶり出されたので、その解決策を3つ、右半分の右側に書きました。

解決策は次のようなものです。

１　営業会議以外で自由に全員で課題をファシリテートできる場をつくる
２　朝礼などを活用し、個人が趣味や自由な発言ができる場をつくる
３　目標達成は、数字目標だけでなく、個人のチャレンジ目標項目を加え、取り組み姿勢も評価する人事評価制度を検討する

手順７　【ステップ７】　具体的なアクションプランを考える

各々の解決策の下に、アクションプランを書きます（次ページ図）。

課長は、解決策の下に、具体的な行動であるアクションプランを書き込みました（アクションプランには、実行意欲を高めるため、期日を入れるようにします）。

- １カ月に１回オフサイトミーティングを行なう
- 来週の朝礼から、自由な発言していいことにする
- 今月中に経営陣、部長と制度変更の打ち合わせを設ける

ステップ❹

「営業職はひとりで仕事を抱えるにもかかわらず、話し合いの場は月２回の営業会議のみ」

〈WHY〉↓

ステップ❺

「営業に対する上司（課長、部長）の目線は、常に営業目標達成に向けられている」

〈WHY〉↓

「上司は、昔流の気合で仕事は乗り切れると考え、努力が足りないと思っているから」

〈WHY〉↓

「過去の遺産といえるリピーター中心から新規顧客への意識改革がなされていないから」

〈WHY〉↓

「上司が、メンバー全員との意思疎通を欠いているから」

ステップ❻

1 営業会議以外で自由に全員で課題をファシリテートできる場をつくる

ステップ❼

・1カ月に1回オフサイトミーティングを行なう

2 朝礼などを活用し、個人が趣味や自由な発言ができる場をつくる
・来週の朝礼から、自由な発言をしていいことにする

3 目標達成は、数字目標だけでなく、個人のチャレンジ目標項目を加え、取り組み姿勢も評価する人事評価制度を検討する
・今月中に経営陣、部長と制度変更の打ち合わせを設ける

これで、完了です。すべて書き込まれた紙が次ページのものです。

次章から、仕事のスピード、人間関係、タイムマネジメント、キャリア形成という社会人の大きな悩みを解決するための方法をご紹介します。

まずは、これらの悩みが生まれる原因をご紹介しますので、自分で紙に書くときの参考にしてみてください。

また、各章の最後には、ベテラン、新人、リーダーの書いた紙の事例を載せましたので、ぜひ参考にしてみてください。

「営業職はひとりで仕事を抱えるにもかかわらず、話し合いの場は月２回の営業会議のみ」

〈WHY〉↓

「営業に対する上司（課長、部長）の目線は、常に営業目標達成に向けられている」

〈WHY〉↓

「上司は、昔流の気合で仕事は乗り切れると考え、努力が足りないと思っているから」

〈WHY〉↓

「過去の遺産と言えるリピーター中心から新規顧客への意識改革がなされていないから」

〈WHY〉↓

「上司が、メンバー全員との意思疎通を欠いているから」

1 営業会議以外で自由に全員で課題をファシリテートできる場をつくる
・１カ月に１回オフサイトミーティングを行なう

2 朝礼などを活用し、個人が趣味や自由な発言ができる場をつくる
・来週の朝礼から、自由な発言をしていいことにする

3 目標達成は、数字目標だけでなく、個人のチャレンジ目標項目を加え、取り組み姿勢も評価する人事評価制度を検討する
・今月中に経営陣、部長と制度変更の打ち合わせを設ける

主体的に動く
部下が育たない

会社・競合との関係	・機械設備の卸売販売業 ・本部組織は、会長、社長、営業部長、営業課長、営業部10名、事務4名 ・営業所は東京、神奈川、埼玉、仙台の4カ所
顧客との関係	・会長時代からの得意先が8割を占める　既存顧客中心 ・リピーターが多く、大型設備機械が売れれば3年は動きがなく、アフターサービス中心
社内の連携	・社内の雰囲気は比較的穏やかであり目立った問題はない ・営業地域の担当制が明確で、目標が厳しく割り当てられている ・営業職はひとりで仕事を抱えるケースが多く、時間外も土・日出勤もある ・部長、課長主催の営業会議は、月初と20日前後にあるものの目標達成中心の会議となっている

第3章
まとめ

・紙、もしくはノートは、横向きで使う
・事象や困った状況は、
グルーピングのために似ているものを近づけて書く
・困った状況にアンダーラインを引くことがコツ
・解決策は3つ書く
・アクションも3つに限定する

第4章

紙1枚で仕事のスピードは上がる！

質が高くて速い人の3つの勘所

速さが生産性を決める

「仕事が終わらない……」
「上司から仕事が遅いと言われてしまう……」
「他の人たちよりも、仕事が遅いような気がする……」
「定時に帰ってゆっくりしたい、スキルアップの時間に当てたい……」

社会人になると、仕事のスピードが求められます。そのため、仕事が遅いことが悩みとなっている人は多くいます。

この章では、仕事のスピードアップについてお話ししていきたいと思います。**仕事のスピードを上げるためには、それを妨げる理由を知ること**です。多くの人に共通する悩みを知ることで、突破口が見つかります。

どこをどう改善すると、仕事がスピードアップするのか――。

これも、課題解決の技法を使うことが効果的です。社会人に共通する仕事のスピードを妨げる原因を知ることで、自分にふさわしい課題を見つけ、解決策を探ります。

また、この章の最後には、ベテラン、新人、リーダーの人々のノートの事例を載せておきますので、ぜひ、参考にしてみてください。

最近では、残業をしないことが推奨《すいしょう》されており、定時で帰宅する人も多くなってきていることでしょう。

しかし、家にやり切れなかった仕事を持ち帰る人も多くいます。また、残業ゼロが叫ばれていますが、それでも会社に残らざるを得ない人もいます。

だからこそ、生産性アップが重要視されるようになりました。この生産性アップに欠かせないのが、仕事のスピードです。

単純に考えると、１時間かかる仕事を30分で終わらせれば生産性アップになります。早く終わらせることで余った時間が、のちのち他者との差を生むことになるのです。

速さのメリット、遅さのデメリット

仕事が速くて正確であれば、当然、評価が高いものです。そして、何より余った時間で仕事のアイデアを考え、他の仕事に手をつけることができます。

定時までにしっかり仕事を終わらせることができれば、スキルアップの時間を十分に取ることも可能です。

逆に、**スピードが遅いとデメリットばかり**です。

当然、多くの仕事をこなすことができません。

行動よりも考えている時間が長い人は、仕事をしていないと思われるので評価が下がります。

また、仕事が遅いと関係者に迷惑をかけてしまいます。

一般的に仕事のスピードが早い人は、仕事の質も高いものです。なぜなら、仕事を何度も回転させることができるからです。回転させていく中でブラッシュアップされていき、質が高まります。そして、成果につながるのです。

自分の理想に近づくためには、定時に帰って、自分の将来を考えたり、スキルアップを行なうことも大事です。

また、成功者は皆リラックスの時間を持っているものです。著名な経営者の多くが散歩をしたり、休息の時間を確保していることはよく聞きます。

仕事が早く終われば、ゆったりと過ごす時間がつくれます。そして、この時間にアイデアがわくことは多いのです。たとえば、シャワーを浴びているときなどに、アイデアはよく生まれます。

しかし、時間が足りなければ、こういうリラックスタイムをしっかり設けることもできません。

仕事のスピードを上げ、生産性を上げることは、様々なメリットがあるのです。

スピードを妨げる3つのこと

では、仕事のスピードアップのためには、どうすればいいのでしょうか。これは、逆説的ですが、次の3つのことを克服すればいいのです。

- **能力不足**
- **段取り下手**
- **他者をうまく使えない、動かせない**

仕事が遅い人は、このような悩みを抱えています。

自分がどの悩みに該当するかを考えてみて、課題を設定し、改善することをオススメします。

郵便はがき

お手数ですが
切手を
お貼りください

1 5 0 - 8 4 8 2

東京都渋谷区恵比寿4-4-9
えびす大黑ビル
ワニブックス 書籍編集部

お買い求めいただいた本のタイトル

本書をお買い上げいただきまして、誠にありがとうございます。
本アンケートにお答えいただけたら幸いです。
ご返信いただいた方の中から、
抽選で毎月5名様に図書カード(1000円分)をプレゼントします。

ご住所 〒

TEL(- -)

(ふりがな)
お名前

ご職業

年齢 歳

性別 男・女

いただいたご感想を、新聞広告などに匿名で
使用してもよろしいですか?（はい・いいえ）

※ご記入いただいた「個人情報」は、許可なく他の目的で使用することはありません。
※いただいたご感想は、一部内容を改変させていただく可能性があります。

●この本をどこでお知りになりましたか?(複数回答可)

1. 書店で実物を見て　　2. 知人にすすめられて
3. テレビで観た(番組名：　　　　　　　)
4. ラジオで聴いた(番組名：　　　　　　　)
5. 新聞・雑誌の書評や記事(紙・誌名：　　　　　　　)
6. インターネットで(具体的に：　　　　　　　)
7. 新聞広告(　　　　新聞)　　8. その他(　　　　　　　)

●購入された動機は何ですか?(複数回答可)

1. タイトルにひかれた　　2. テーマに興味をもった
3. 装丁・デザインにひかれた　　4. 広告や書評にひかれた
5. その他(　　　　　　　)

●この本で特に良かったページはありますか?

[　　　　　　　]

●最近気になる人や話題はありますか?

[　　　　　　　]

●この本についてのご意見・ご感想をお書きください。

[　　　　　　　]

以上となります。ご協力ありがとうございました。

能力不足では、当然、仕事のスピードは上がりません。処理スピードがそもそも遅ければ、時短で仕事をすることは不可能です。

段取りが下手では、行き当たりばったりで仕事をすることになり、効率的にやるべきことを進めることができません。できる人ほど、仕事の流れを考えていますし、アクシデントに備えています。

人を使ったり、動かすことができない人は、コミュニケーションがうまくいっていないと言えます。自分が作業を終えたとしても、関係者が動いてくれなければ仕事は滞ります。また、ひとりで仕事を抱え込んでしまえば、時間がかかるのは当然です。

仕事のスピードを妨げる、この３つの理由を克服すれば生産性は高まります。

自分がどれに当てはまるかを考えてみてください。もし当てはまらないとしても、より強化したい部分があれば、そこを課題解決の技法で伸ばしてみましょう。

「なんとなく」を意識化して能力を上げる

仕事の能力不足というものは、多くの人を悩ませています。能力が不足していれば、当然処理能力が低いので、仕事のスピードは遅い。しかも、質まで下げてしまいます。

能力不足とは、仕事の習熟度が低いということです。単純に言うと、仕事を覚えていないことになります。

なんとなく仕事をやっているから、スピードが遅いのです。仕事の目的や内容、意味、専門用語や専門スキルを頭に入れることが大切です。

特に、自分が担当する仕事の目的や内容、意味がわかっていない人は、やみくもに作業をこなしてしまうので、効率的に仕事をすることができません。

また、専門用語や専門スキルは、時間をつくって覚えたり、鍛えるしかないのですが、それだけでも能力は上がりません。

頭に入れたものは、アウトプットすることで身についていきます。使い方のスキルを学ぶ機会を増やすことが必要です。

仕事を始める前には、似たような仕事で結果を出している人から話を聞いたり、成功事例を学んでおくことも有効です。

仕事の流れが全くわからない状態で、やみくもに作業をしてしまえば、達成できないのは当然です。

仕事の能力を上げられない人には、他人に聞くということができない人がいます。やり方がわからなかったり、新しい仕事に手をつけるときには、自分の先を行く人に話を聞くことが有効な場合が多いものです。

上司、先輩などに相談したら、スパッと解決ということもあり得ます。知らないことは、自分で解決しようとしても、悩む時間が増えるだけです。

全く話を聞いてくれないという人は少ないでしょう。どうアプローチすればいいのかを考えてみましょう。

「何から始めればいいのか」というような、ちょっとしたアドバイスをもらうだけでも大きな打開策となります。

あまりあれこれ考えず、「能力不足を克服する」程度の第一課題を設定し、シンプルに課題解決のステップを使って解決策を導き出してみてください。

ゾーンに入る――集中力と行動の明確化

また、仕事の能力ではなく、集中力がないことで仕事のスピードが遅くなっている人がいます。

集中している状況とは、どんな状況かを考えてみてください。他のものが目に入らず、没頭して夢中になっていると思います。

この状態をつくり出すには、どうすればいいのでしょうか。

やることが、明確で突き進んでいる。

仕事に面白みを感じられる工夫をして実行している。

「これをやったら大きな結果が出せる！」と確信できる仮説をつくって実行して

いる。

完了させたときに、自分はどんないい感情を得られるのか、というような想像ができている。

このようなときに、夢中になれるはずです。

また、そもそも気が散る環境の中で仕事をしていたり、頻繁《ひんぱん》に仕事を中断させられるような環境にいるのなら、それを改善することも大切です。

「持って生まれた能力が低いのかもしれない」と、あきらめないでください。

課題解決のステップを使えば、少なくとも今よりも能力を高める解決策が見つかります。

「昨日より良くなった」という実感と経験を積み重ねることが大事なのです。

「緊急ではないが重要な仕事」で余白をつくる

段取りが下手なことで、仕事のスピードを落としている人もいます。

仕事には、ルーティンと非ルーティンがあります。ルーティンである今までやってきたことは、無意識にこなしていくことができるものです。

しかし、流れをしっかりと考えてやらなければならないことは、**「とりあえずやってみよう」と始めても非効率**です。計画的に行なわなければならない仕事は、思いつきで始めてはいけません。

作業の順番を間違えてしまったり、モレがあった場合には、やり直しが起こったりしますので、予想以上に時間がかかるものです。挽回《ばんかい》のために焦ってしまうこともあり、ミスも増えます。

また、仕事をするときには、そもそも時間を意識することが大事です。多くの人は、1日約8時間ほど働くので、朝の時点では結構時間に余裕があるような気になってしまいがちです。

一つひとつの仕事において完了までの時間がイメージできていなければ、「これを先にやっておけばよかった」というような、優先順位の間違いを犯してしまいます。どうしても一定の時間がかかる仕事はあるので、1日の仕事の順番は意識しておくべきです。

ただ、緊急度が高い仕事からこなすことは大切ですが、急がなくていい仕事は後回しにしがちなので注意が必要です。

そういった仕事でもいつかは期限がくるので、後回しにした仕事がたまりすぎていないか、ということは気をつけるべきです。

放置していた仕事が多くなりすぎて、一気に締め切りが押し寄せてくることもあり、キャパオーバーになってしまいます。

段取りの技術――「スケジュール」と「やる順番」

柔軟なスケジュールほど、仕事のスピードを高めます。

どれをどの順番でやるのかを、しっかりと決めておくことは大切です。

しかし、それ以上にスケジュールの計画段階で大切なことがあります。それが、1日のスケジュールの中に、自由に使える時間を確保しておくことです。

社会人なら、急な仕事をこなさなければならないことがあります。そういうようなときでも慌てないように、スケジュールに余裕を持ってほしいのです。

スケジュールの組み替えは、当たり前のこととして考えておきましょう。

段取りがうまくない人は、とっさの仕事が入ってきたときに、心が乱れたり、フリーズしてしまいます。どちらにしても集中力は下がりますので、注意が必要です。

段取りができない人は、組み替える余裕がない人でもあるのです。

よほど忙しい日は別ですが、1日のスケジュールの中に入れておいてほしい仕事があります。

それは、**「緊急ではないけれど重要な仕事」**です。

この仕事を毎日のスケジュールの中に組み込むことをルールとしておくと、とてもいい効果があります。

突発的な仕事が入ったときには、この仕事の時間をそれに当てればいいのです。

緊急ではないかもしれませんが、重要な仕事なので毎日コツコツ丁寧に進めておいて損はありませんし、期日的には急いでやらなくてもいいのです。

こういう仕事をひとつ、スケジュールの中に組み込んでおいてほしいと思います。スケジュールを組み替えるときに役に立ちます。

段取りは、仕事のスピードととても関係が深いので、自分なりの課題を持って取り組んでみてください。

≡ スムーズに仕事を進める「人を動かす力」

全くの新人を除いて、人を使えない、動かせないというのは、仕事の進捗《しんちょく》を滞らせます。

すべての仕事を自分ひとりで行なっていては、いくら時間があっても足りませんし、他の人に迷惑をかけることになりかねません。また、人を納得させる力がなければ、周りの協力を得られることはありません。

人を使う、動いてもらうことができずに仕事のスピードを落としている人は、コミュニケーション不足の人が多いものです。

ポジションの違いでなかなか話ができない人もいることでしょう。苦手な人が多いという人もいるでしょう。ひとりが楽という人も当然います。

しかし、このまま現状維持を続けても、事態は好転しません。やはりコミュニケーションを取る方法を考えるべきです。

また、コミュニケーション自体が苦痛になっている人もいます。そういう人は、その原因を探ってみてください。メンタル的な問題である場合もありますので、一度自分がなぜコミュニケーション不足になっているのかを考えてみるべきです。

現在はなかなか難しい時代です。

皆各々仕事があり、職場内に限らず人に干渉したり、邪魔をすることを避けています。

しかし、コミュニケーションが取りづらい環境です。

しかし、コミュニケーションを取らないと「何を考えているのかわからない人」と思われて敬遠されてしまいます。

絶妙な人間関係を構築することが大事なのです。

では、話しづらいという相手とでもうまくやっている人や、他者に仕事を頼める人は、どうしているのでしょうか。

そういう人は、周りの人々の仕事の状況に気を配っています。「この人は今、どんな状況なのか」、ということを把握し、話しかけていいのかどうか、仕事を頼んでいいのかどうかの判断をうまくやっています。

相手の心理的負担にならないような状況で、コミュニケーションを取っているのです。

すべて自分でやらなくていい！

人を使えない、動かせない悩みに関連して、情報収集や仕事のやり方について、ひとりですべてのことを調べようとする人がいます。自分ひとりで完璧な仕事をしようとする人です。

こういう人は、細かいところまで自分で仕上げようとするいい面もあるのですが、仕事が遅くなる傾向があります。

人に聞けばわかることは聞いたほうが効率的です。

また、全く行き当たりばったりで仕事を始めてはいけませんが、ある程度調べたらその段階で始めるということも大事なことです。やってみなければわからないことも、時にはあります。

仕事のスピードは、社会人なら誰もが必要な能力なので、ぜひ課題解決の技法を使いながら、生産性を上げていってください。

それでは、次から、実際の事例を見ていきましょう。

わかりやすいように、同じ会社の営業職のベテラン、新人、リーダーを想定して、3つのパターンをご紹介しています。

ぜひ、参考にしてみてください。

同期2名は実績を上げているのに、自分だけが周りの仕事のスピードについていけない

〈WHY〉↓

周りに振り回されて焦り、自分の仕事に集中できていないからではないか

〈WHY〉↓

同期がうまくやっていることに対して、素直に理由を聞いたり、話合いができていないからではないか

〈WHY〉↓

妙にライバル意識が強すぎて、こちらからバリアを張りすぎているからではないか

〈WHY〉↓

一度、自分のスタイルを考え直して、ライバルの話を素直に聞き、成功事例を研究すべきではないか

1 同期を誘って、相手の話にじっくりと耳を傾ける
・金曜日に食事会を開く

2 自身の営業スタイルを見直す
・今週中にエリアの顧客マップを作る

3 読書・セミナー等外部の力を借りて、自身のあり方、生き方を素直に見直す
・明日の帰りに書店に行く

《 ベテランの事例 》

営業中堅社員の場合

仕事にマンネリ感。集中できず仕事が遅くて成績低迷

会社の状況	・社歴50年、現社長は2代目 ・営業所は、東京、神奈川、埼玉、千葉、仙台の5カ所 ・顧客が関東以北に集中しており、会長時代の既存顧客に頼りがち
営業部員との関係	・上司からも「いつも同じやり方ではダメだ！」と厳しく言われている ・社内のコミュニケーションは良好で、明るい雰囲気
自分の現状	・ここ2，3年は個人売上実績が前年割れ ・顧客訪問日は週3日、1日4，5件訪問している ・家では、夜の寝付き、朝の目覚めが悪く、体調が優れない ・土日は、昼頃まで寝ている ・やる気がないわけでもないのに、周りの仕事のスピードについていけない ・自分を含めて同期は3名、他2名は順調に実績を上げている

仕事のやり方を聞こうとしているのに上司とうまくコミュニケーションが取れない	1 先輩たちから営業の精神、心構えを聞いて、活動を再度見直す ・今週中に先輩の同行をしてみる
〈WHY〉↓	
真剣に、助けてほしいというメッセージが周りに届いていないからではないか	2 営業の神様と言われる人からヒントをもらう ・成績トップの人と1日1回話す
〈WHY〉↓	
相手の忙しさに遠慮したり、痛いことを言われるのを避けているからではないか	3 新客獲得するための作戦を考える ・1カ月以内に営業レターを作成する
〈WHY〉↓	
まだ2年目なのに、妙に相手に気を使いすぎではないか	
〈WHY〉↓	
怒られて元々くらいの図太い神経を持って、上司と接しなかった。自分自身に対する参考意見を聞かせてもらわず、営業スタイルが確立しなかったから	

《 新人の事例 》

営業職新人の場合

仕事が遅く目標が達成できない

会社の状況

- 本部は、会長、社長、営業部長、営業課長、営業部員10名、事務4名（パート2名）
- 社員60名（正規とパート）、内営業部員が42名
- 企業の強みは、アフターサービスに定評があり、営業部員が誠実に仕事を進めている点

営業部のこと

- 上司から「得意先に連れていっても表情が暗い」と言われる
- 月初、中間に「営業会議」がある
- 同期は他におらず、社長、営業部長、10年選手の営業部員が営業を担当
- 社内のコミュニケーションは良好で明るい雰囲気

孤独感

- 会社の業績は堅調だが、昨年度は、自身営業振るわず前年割れ
- 顧客訪問日は週3日、2日は社内・打合せ等
- 家に帰ればゲームに夢中。ストレス発散している
- 友人もあまりいない
- やり方を聞こうとしているのに、上司とうまくコミュニケーションが取れない

自分の担当営業もあり、目標数値も持っているのに、部下とのきめ細かなコミュニケーションが求められる

〈WHY〉↓

部下の成長を考えると、各々に相応しいアドバイス・助言が必要であると考えるから

〈WHY〉↓

自身の業務量と時間のバランスを考えずに、時間的、物理的に無理な理想論に走っているから

〈WHY〉↓

全員に平等な時間取りを考え実行しようとしているから

〈WHY〉↓

メリハリをつけ、求められる新人等への時間を割かなかったから

1　完璧を目指さず、時間のメリハリをつける（最善主義への転換）
・来週から、できる人は放任。新人との、同行を増やす

2 タイムマネジメントを学ぶ
・今週中に書店に行く

3　時間精度の高い目標数値をクリアできる方法を考える
・2週間後に伝達手段を変える（チャットワーク活用）

《リーダーの事例》

営業課長の場合

部下の仕事が遅く自分の仕事も進まない

会社の状況	・電気機械設備を扱う中堅卸売販売業で競合は2，3社 ・社風は、会長の強力なリーダーシップのもと、営業部員も真面目で、得意先からの評判も悪くない ・弱みは、未だ成長戦略を描けていない点
やるべきこと	・営業部長より「新規顧客を現状の10%アップ」との今期目標あり ・担当地区は1,500社、内実際の顧客は30社ほど ・夜は得意先の接待もあり、自由になる時間は少ない
自分の忙しさ	・自身も50社担当し、夜間の残業も多い ・顧客訪問日は週3日、2日は社内・打合せ等 ・家は、妻と小学生の子供一人 ・趣味はスポーツ観戦、特に地元のプロ野球 ・自身、数値目標を持つプレイングマネジャーなのに、部下とのきめ細かなコミュニケーションが求められる

第4章 まとめ

・スピードが生産性を上げる
・スピードを妨げるもの1「能力不足」
・スピードを妨げるもの2「段取り下手」
・スピードを妨げるもの3「人を動かすコツを知っているかどうか」
・自分の集中状態をイメージすると没頭できる
・やることだけでなく、やる順番を決めておく

第5章

紙1枚で人間関係の悩みを解消！

ストレスを生む3つの大原因に対処する

人間関係、能力、成果は三位一体

社会人になると、様々なストレスを抱えることになります。皆ストレスを抱えながら、ある種それを原動力にしながら仕事に打ち込んでもいます。

しかし、過度なストレスを抱え込んでいると、能力が下がり仕事に支障が出てきます。

仕事で大きなストレスを抱える原因に、人間関係があります。もっと言えば、人生の中での大きなストレスも人間関係が原因です。

「上司との人間関係」「部下との人間関係」「同僚との人間関係」、これらはビジネスパーソンのストレスの原因になっていることが多いものです。また、それだけではなく、社外の関係者、お客様などとの人間関係からもストレスを抱えている人はいるでしょう。

ストレスを抱えると、精神状態が悪くなります。イライラしたり、感情的になってしまったり、ひどい場合は、うつぎみになってしまうこともあるでしょう。

また、ストレスのせいで、本来持っている能力をうまく引き出せないこともあります。

集中力が下がり、仕事でミスをしたり、ぼんやりしてしまうことも多くなってしまいます。

そもそも仕事には、人間関係がとても重要です。仕事はひとりで完結させられるものばかりではなく、むしろ人と人との関係から成り立っているものが多いからです。誰かと協力することで、うまく回っていくものです。

ほとんどの仕事には人間関係がヒモづいているので、どうしても人と良い関係をつくることが必要になります。

仕事上の人間関係がうまくいかなければ、チームワークも崩れますし、社外の関係者との連携もうまくいかなくなってしまいます。

ボロボロになったベテラン社員の場合

私がコンサルをしている会社に、30代の男性ベテラン社員Cさんがいます。

その人は、一生懸命働いているのですが、社長がメモを取れと言っても一向に取らないので、注意されることが多くなっていました。あるとき、みんなの前で強く叱責《しっせき》されました。

メモを取らないこともいけないことではあるのかもしれませんが、そのせいで彼は強いストレスを抱えたのです。

そうこうしているうちに、仕事をする気力がわかなくなってしまいました。

私は社長とCさんの関係改善を試みました。

以前、Cさんが「もっと製品の質を高められる会社だと思っているから、頑張りたい」と言っていたのを思い出し、社長に伝えてみたのです。会社のことを考えて働いていると伝えたのです。

第三者から社長に伝えることで、社長も姿勢を変えるようになり、今では良好な関係に戻りました。

私が伝えたからだけではなく、Cさんの努力や周りの人の取りなしもありました。**人間関係の悩みがひとつなくなったCさんは、それからは仕事に熱心に取り組めるようになりました。**

人間関係の悪化は、このように大きな悩みとなります。でも、原因をつきとめて改善さえすれば、良い状態で仕事に邁進《まいしん》することができるようになります。

だからこそ、人間関係を良好にすることは、社会人として大切なことです。

人間関係のせいで、意欲が下がり、仕事に行きたくなくなる、能力が発揮できないということは避けるに越したことはありません。

人には、様々な人間関係のストレスがあると思いますが、課題解決の技法を使って自分に合った改善策を考えてほしいと思います。

嫌いな人、苦手な人とのコミュニケーションを改善するには？

私がコンサルの現場に行き、社員の人々と実際に話して感じたのは、人間関係のストレスの原因には大きく3つがあるということです。参考にしてみてください。

1　価値観が合わない
2　世代間のギャップ
3　自己肯定感の低下

です。

相手を嫌いだ、苦手だと感じてしまう要素としては、このようなことがあります。
こういった原因のせいで多くの人が悩んでいるように感じました。

人は今まで生きてきた中で、そして仕事を通じて、自分の価値観が形成されています。

その価値観に合わない人とは、なかなかいい関係を結べないのです。自分の価値観から外れている人は、嫌いであったり、苦手な人だと認識してしまいます。

そして、世代間のギャップでも、皆苦しんでいました。それぞれの年代で、時代の雰囲気というものがあり、また仕事のやり方も違います。そうした違いからすれ違いが起こり、人間関係がこじれていることが多いのです。

また、自己肯定感が下がると、ちょっとしたことで感情を乱したり、内にこもるようになり、コミュニケーションがうまくいかなくなってしまいます。

しかし、相手との協力と歩み寄りがなければ、ビジネスはうまくいきません。

もし、今人間関係に悩んでいるのなら、課題解決のステップに従い解決していきましょう。

価値観の違いを克服する技法

価値観が合わない人とのコミュニケーションは、精神的に疲れる人が多いようです。

これは、相手への苦手意識につながります。「あの人のことが、なんとなく嫌い」というようなときは、価値観の違いが原因であることがあります。

誰もが今までの人生の中で価値観を決めていきます。環境や仲間などから影響を受け、物の見方や善悪の判断を行なうようになるのです。

その価値観は、自分の長い歴史の中でつくっていったものなので、なかなか変わるものではありません。

積極的であることが正しい、冷静であることが正しい、みんなの輪を乱さないことが正しいなど、様々な価値観が同居しているのがビジネスの場なのです。

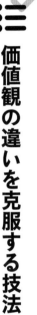

皆各々の考え方があり、行動パターンがあります。だからこそ、価値観が合わない人からの言動に違和感を持つようになり、コミュニケーションを避けたり、関係が悪化したりします。

しかし、価値観が違うからといって、人間関係をないがしろにしていれば、仕事はうまくいかなくなります。

職場での人間関係が悪化すると、仕事に行きたくなくなったり、やりたくなくなったりするからです。

また、その人と共同でひとつの仕事を仕上げなくてはいけなくなったときなど、困ったことになるでしょう。

「人は変えられない」

これは誰もがわかっていると思います。それなら、自分のコミュニケーションを変えて関係を改善したり、良くしたりする打開策を探すべきです。

あなたのアプローチが変わったり、接触頻度が上がると相手との関係も変わっていくものです。

世代間ギャップを克服する技法

「上司との関係」「同僚との関係」というのは、ニュースなどではよく、社会人の悩みの上位にランクインされます。また、部下との関係に関する上司の悩みも、よく耳にします。

先ほどの価値観のお話と近いかもしれませんが、年代によってかなり考え方にギャップがあるのは間違いありません。

世代間のギャップは、年の離れた人との間でよく感じられるものですが、コミュニケーションを難しくします。

「自分たちの年代はビシビシ鍛えられて耐えてきたから、お前たちもそうしろ」という雰囲気を出すベテランもいます。

逆に、「納得したことしかやれない」という若手もいます。

人によって考え方も物の見方も違うので、「この世代はこういう人々だ」とひとくくりにはできませんが、同じ時代を生きてきた人同士が似た傾向になるという可能性は捨てきれません。

上の年代を嫌い、下の年代を見下すような態度でいると、仕事に支障をきたしてしまいます。

ここでも、歩み寄りが必要なのです。

ある会社の上司と部下の話です。

上司から私は、部下のD君との関係を変えたいと相談されました。

「失敗してもいいから何度も提案する姿勢が欲しいんですが、いつも1回でやめてしまうんですよ」

と言うのです。

それを聞いた私がD君と話してみると、失敗するのが怖いと言います。みんなに迷惑をかけることを気にしていました。

上は「もっと積極的になれ！」、下は「皆が迷惑するようなチャレンジはできない」と考えているわけです。

全く話がかみ合っていないな、と私は思いました。

私は、Ｄ君と一緒に、提案回数を増やす方法を考えました。上司の求めていることも明確にあぶり出していきました。

それから少し経って上司の人と会う機会がありました。そのときに、「やっとやってくれるようになりましたよ！」とすごく喜んでいたのです。

相手の考えていることを知り、それに応えるような動きをすることで、関係は良くなったのです。

このパターンは、部下が上司に歩み寄っていますが、逆のパターンでも人間関係は良くなるはずです。

コミュニケーションを恐れて、距離を置き続けると、永遠にわだかまりは残ります。

上の世代も下の世代も、「何を言っても理解されない」と決めつけて、コミュニケーションを放棄してはいけません。

「あの人はこう考える」「自分はこう考える」

お互いに、今までの人生の中で、自分なりに正しい考え方があると思っています。相手の考えも正しく、自分の考えも正しいのです。どちらも間違っていないし、どちらも正しいのです。

各々が正しさを主張して、相手を嫌ったり、拒絶していては、歩み寄ることはできません。

相手の考えを受け入れ尊重する気持ち、相手を理解する努力をしなければ、関係は永遠に良くならないのです。

自分が相手と接するときにどう考えているのか、どうすれば関係が良くなるのか、課題を設定して自分なりの解決策を探していきましょう。

あなたの自己肯定感を下げる人との接し方を〝用意〟する

自己肯定感の高低は、人間関係の質に大きく影響します。

自己肯定感とは、ありのままの自分を、好意的で肯定的に受け止める感覚のことです。

自分が満たされていないと、他者に思いやりを持って接することはできません。

また、自分自身の評価が低いと、他者のちょっとした言動で心が折れやすくなり、攻撃的になってしまうこともあります。

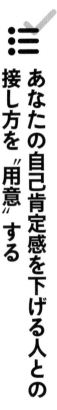

自己肯定感が低いと、自己防衛本能が働き、自己保身的な言動をするようになります。

人から承認されないと不安になったり、自分より相手を優先する、どう思われるかが気になる、意思決定を避ける、責任から逃げる、他者からの言動で自分が否定されていると思ってしまう、などの傾向が自己肯定感が低い人にはあります。

これでは、主体的に仕事をすることを放棄してしまうようなものです。また周りの人も一緒に仕事をしようとは思えないでしょう。


自己肯定感は、自分の価値を信じられなくなったときに下がります。

逆に、自己肯定感が高いと、自分の本来持っている能力が引き出されるので、コミュニケーション能力も高まります。

何よりも、**他者を許容する力が高まる**と言われています。

社会に出れば、気の合う人ばかりとつき合うのは不可能です。職場に好感の持てる人ばかりがいる可能性は低いのです。

そこで、相手の話を聞きながら、自分の話を聞いてもらう。相手を尊重しながら、自分の意見を伝えるというコミュニケーションを取ることが大切になります。

そのときに、相手からの意見によって傷ついたり、相手を嫌いになるといい関係はつくれません。だからこそ、「許して、受け容れる力＝許容力」が社会人には必要です。

様々な性格の人とつき合う

他者との関係から自己肯定感を下げないために、ここで会社にどんな要注意人物がいるのかをご紹介しておきます。

あなたの自己肯定感を下げてくる４つの代表的タイプをご紹介しておきます。どう接していくか事前に解決策を考えておくといいでしょう。

1　批判的なタイプ

否定的なことばかり言う人がいます。ネガティブな言動が多いこのタイプの人は接し方を間違えると、マインドに悪い影響があります。

2　協調性のないタイプ

チームなどで連携して仕事をしているときに、独自路線で突き進み足並みを揃えない人がいます。チームの動きがちぐはぐになるので注意が必要です。

3　不平不満が多いタイプ

ネガティブな言葉が多く、それに同意を求めてくる人がいます。仕事上関わらなければならないこともありますが、自分の気分まで落ち込まないようにするべきです。

4　主張が強い人

強い意見を言う人から否定されると、自己肯定感を下げかねません。こういった人は、他者の意見を聞かない傾向にあるので、あなただけが我慢をして消耗してしまうことがあります。

大きくはこのようなタイプの人がいると私は考えています。こういった人からの影響で自己肯定感を下げないようにしましょう。

ここまで、人間関係の悩みを引き起こす原因をご紹介してきました。これらの原因に注意して、人間関係をより良いものにしてください。

それでは、ベテラン、新人、リーダーの人間関係についての事例をご紹介しますので、ぜひ参考にしてみてください。

リーダーはいるのに、上司（社長、工場長）の指示通りの丸投げで、仕事が思うように進まない

〈WHY〉↓

リーダーは、上司の言うことを聞くのが仕事だとあきらめているから

〈WHY〉↓

リーダーとメンバーが、真剣に仕事全般に関して、話合いをしたことがないから

〈WHY〉↓

リーダー自身に、仕事に関する思い込みが強かったから（一方通行）

〈WHY〉↓

メンバーとリーダーの思いを、相互に打ち明け、どうしたら歩み寄りできるか検討する。その結果を上司にリーダーが伝えていなかったから（双方向）

1 事前にメンバーと意見交換し「どうあって欲しいか」をまとめておく
・今週話し合いの場をつくる

2 中堅オペレーターとして、メンバーの意見を代表して、リーダーと胸襟を開いて話し合う
・今月中にリーダーに時間をもらう

3 定期的にリーダーとメンバーとのMTの場所、時間を決めて、自由に話合う
・ファシリテートの技術を1カ月間音声教材で学ぶ

《 ベテランの事例 》

ラインの中堅オペレーターの場合

イライラ感の絶えない工場長への対応

会社の状況	・仕事は、主に自動ラインのオペレーターと検査係、倉庫係 ・移転前はリクレーション実施。今は車通勤なので未実施
上との関係	・たまに社長、工場長の指示が食い違い、従業員が戸惑っている ・朝一の体操、上からの指示・確認の朝礼有り ・工場長が朝から晩まで仕事しており、イライラ感が拭えない ・他のメンバーも工場長の顔色をうかがいながら仕事をしている ・マネジャーというリーダーはいるのに、上司（社長、工場長）の指示通りで、現場に丸投げ状態
自分自身	・サービス業から転職して3年。中堅の男性オペレーター ・ラインのオペレーター業務で、取り手の人に上手に状態を指示して、円滑に作業させるのが任務 ・ラインのオペレーター前は、サービス業にて接客業務 ・オペレーター業務は、6ヶ月も経験すれば十分、一人前 ・ラインは止められず、食事も交代で食べており、ひとりのときもある

もっと皆と一緒に、楽しく仕事がしたいのに、きっかけがつかめない

〈WHY〉↓

誰かが話す機会を与えてくれるのを待っているのではないか

〈WHY〉↓

自分自身のコミュニケーションに苦手意識があるのに、克服しようとしていないのではないか

〈WHY〉↓

世の中にコミュニケーションが苦手な人は多くいるのに、自分だけダメだと思い込んでいないか

〈WHY〉↓

周りの人に相談しなかったり、コミュニケーション関連の本で勉強してこなかったから

1 コミュニケーションの苦手な人が克服した事例を読書等を通じて、考えてみる
・人間関係の本を今週中に買う

2 1が出来たら、社内で一番話せる人に素直に相談してみる
・今週中に一度一緒に帰る

1 何が足りないか、どうしたらいいかがわかってきたら、職場でも実践してみる
・1ヶ月後に、明るいがまだ話したことがない人と接する

《 新人の事例 》

ラインの新人の場合

なかなか職場に馴染めない

会社の状況	・社歴30年、社長は初代で現任 ・強みは小ロット対応が可能な点 ・弱みは従業員に子育て世代が多く、残業時間が確保できない点
周りとの関係	・上司からは「若いんだから失敗を恐れずもっと元気にやれ」とよく言われる ・慎重な性格で、失敗、クレームは少ないほうである ・やさしい女性従業員も多く、何かとカバーしてくれる ・もっと皆と一緒になって、楽しく仕事をしたいが、きっかけがつかめない
内にこもる性格	・入社2年に入ったところである ・学生時代もクラブ活動もせず、友人も少ない ・一人っ子で、家ではゲームをしている ・言われたことは、こなそうと努力する性格 ・コミュニケーションが苦手で、皆と何を話したらいいかわからない

定型業務の何でもないことにも、メンバーとの確認で時間が取られてしまう

〈WHY〉↓

部下は、定型業務と非定型業務が何かを理解していないのではないか

〈WHY〉↓

部下に対する教育として、しっかりとした定型、非定型のマニュアルが必要なのに、作成していないからではない

〈WHY〉↓

リーダー業務が忙しくて、時間に追われ教育のためのマニュアルの存在を考ていなかったから

〈WHY〉↓

リーダー業務の内容を再度見直して、時間をつくり出し、部下にも業務の一部を負担してもらうようにしてこなかったから

1 リーダー業務の内容を時間分析する
・今月中に日、週、月、四半期、半期、年間の業務を明確にする

2 1から部下に任せられるものをピックアップする
・来週から部下との話し合いを始める

3 定型・非定型業務マニュアルの作成
・2週間後までに項目のあぶり出し

《リーダーの事例》

ラインのリーダーの場合

自主的に動けない部下への対応

会社の状況	・女性が8割の職場なので、きめ細かな対応が求められる ・男性は管理職として部長、マネジャー、それに女性オペレーターが数名 ・工場稼働時は、機械の騒音がキツく、現場でコミュニケーションが取りづらい
仕事内容	・一つひとつの仕事は丁寧だが、何かあればすぐに質問してくる部下が多い ・社長はたまに現場に入り、業務に口を挟んでくるのでやりにくい ・部長は社長に対してイエスマン。問題提起しても却下されることが多い ・新入社員に対しては、先輩社員をある期間つけてOJT教育 ・ライン業務には、定型・非定型業務があり、普段は定型業務で済んでいるのに、何でもないことでも確認に時間が割かれる
自分の現実	・製造業から転職して5年。40代の男性リーダー ・妻、小学生の子供ひとり ・趣味は、地域の野球チームに所属し、休みは試合でストレス解消 ・オペレーター業務も兼務 ・1日の仕事は、朝7時に工場に入り、今日の計画から機械回りのチェック、稼働とやることは多く、帰りも夜10時になる

第５章
まとめ

・人間関係の悩みは解決すると、仕事に邁進できる
・人間関係がこじれる理由１「価値観が合わない」
・人間関係がこじれる理由２「世代間ギャップ」
・人間関係がこじれる理由３「自己肯定感の低下」
・自分も相手も正しいと考えてみると、歩み寄りがうまくいく
・自己肯定感を高めると、許容力が高まり、コミュニケーションがうまくいく

第6章

紙1枚でタイムマネジメントする

生産性を上げる時間管理3つの鉄則

「順番」と「リミット」と「行動」を上手に組み合わせるには？

仕事で成果を出すためには、タイムマネジメントを行なうことが重要です。しかし、これができている人はなかなかいません。

タイムマネジメントとは、時間の使い方を改善して、生産性を高めることです。これが大事だということは、誰もがわかっています。しかし、実行できている人は少ないものです。

いくつかの「これはやっておかないといけない」という仕事を、朝会社に来てから思い出して始める人がいます。これでは、仕事を組み立てているとは言いがたく、どの仕事のボリュームを増やすか、減らすかなどの時間配分の感覚を持てていないことになります。

仕事にかける時間も、仕事の順番もあまり考えず、思いつきで取りかかり、終わったら次、終わったら次と仕事をやっていても成果はなかなか出せません。

時間の使い方によって、仕事の充実度は変わります。

どうやったら生産性を高めながら仕事ができるか、を考えない限り成果は出ないからです。

自分で時間割を決めてこなしていくからこそ、仕事を楽しむことができます。

時間の使い方を意識することは、主体的に仕事をするための必要最低限のルールなのです。

タイムマネジメントの意識がなく、他者に支配された時間で動いていると、自分の時間は足りなくなります。

そうすると、自分の仕事は回りませんし、成果が出る見込みのある仕事に時間をかけることができなくなります。

時間意識を持つことは、とても大事です。自ら時間割を組むことで、自分を追い込まずに、生産性の高い仕事もできます。

「１日24時間は、誰にでも平等に与えられている貴重なもの。

仕事時間は1日8時間ほどで、1日の3分の1。それを自分でコントロールして、納得いくものにする」

これができていると、自主的に仕事ができていることになり、意欲を下げずに積極的になれます。

時短のために行動の能力自体を上げよう

私はタイムマネジメントの講座依頼もいただきます。

まずやることとは、受講生に1日の自分の時間の使い方を書いてもらうことです。

多くの人が、なんとなく仕事をこなしているため、**そのとき初めて自分の時間の使い方を意識するようになります。**

たとえば、多くの人は会議の前日に資料作成を行なっていました。しかし、これは何も前日にやらなければならないわけではありません。

会議の日程はわかっているのですから、もっと前の時間の空いているときにつくっていれば、前日の資料作成時間に現在抱えている緊急の仕事をこなすこともできたのです。

また、3時間のことを2時間でできるようになるスキルを身につけることも、タイムマネジメントには重要です。

時間の使い方を考えるだけではなく、能力自体を高める訓練を行なえば、作業時間を減らすことができます。

タイムマネジメントというと、どうしても時間に意識がいきますが、行動自体の質を上げることで、結果的に作業の時間短縮につながります。

しかし、タイムマネジメントは大事だとわかっていても、なかなか実行することができません。

なぜでしょうか。これから一緒に考えていきましょう。

時間をコントロールされる側から、する側へ

タイムマネジメントの研修依頼は、もちろん時間管理ができていない人が多いからです。残業時間が多いので減らす方法を指南してほしいというのが依頼の大きな理由です。

ただし、依頼者は、残業をしていたとしてもそれが成果・実績につながるのなら問題はないとおっしゃっていました。単に残業代を出すことが惜しいわけではないのです。

私は、研修生たちと残業の根本理由を探しました。皆仕事をサボっているから残業しているのではないことは明白です。

残業の原因は、自分で時間をコントロールできていなかったからなのです。多くの場合、他者から協力を求められたり、任される仕事のせいで、自分がそれま

でやっている仕事を定時までに終わらせられないことがわかりました。

組織なので、会社のために自分以外の人から依頼される仕事もやらなければいけないことはあります。

しかし、その仕事が入ったとしても、定時に終われる時間割をつくるべきなのです。

もしくは、自分にはこれ以上手に負えないということを、早目早目に、上に伝え、応援を求めるなどの必要があったのです。これも、**自分で時間を管理していなければ、自分に余裕があるのかないのかすらもわかりません**。この仕事はどのくらいで終わるのか、ということをイメージしていなければ、時間割は組めません。

社会人は、自分で時間をコントロールすることが何より大事です。

長い時間働くからいい成果が出るわけではありません。成果が出るような時間の使い方をするから意味があるのです。

時間をムダにする３つの理由

生産性の向上が叫ばれているため、時間の大切さは誰もが認識しています。しかし、時間を大切にできない。

「時間が足りない」

「定時に帰れない」

こういう人は多いものです。

これは、なぜなのでしょうか？　それには、３つの理由があります。

- 何をするのか、あいまいな時間がある
- タイムマネジメントとはＴＯ ＤＯリストだと思っている
- この仕事はいつやるべきなのかを認識していない

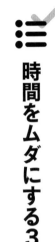

何をやるのかがわかっていなければ、それは確実に時間のロスにつながります。何から始めようかな、というような迷いの時間はムダです。また、何をするのかを決めていなければ、仕事に一気に集中することもできないでしょう。

時間のマネジメント法を知らないということもあります。人は仕事をTO DOリストで管理します。実はこれすらやらない人も多いのです。

しかし、TO DOリストは、やることを決めてはいますが、時間まで管理できているとは言えません。

また、自分が抱えている仕事を意識して把握し、この仕事はいつやるのか、ということをしっかり決めている人も少ないものです。

これでは、なかなか成果の出る時間の使い方はできません。

時間割で「あいまいさ」をなくす

時間は意識して管理しなければ、気がついたら過ぎ去っていたという状況になります。

目的のない時間を過ごしている人に、生産性の高い仕事はできません。「この時間にはこれをやる」という決断をしておかなければ、仕事は中途半端な出来になってしまいます。

タイムマネジメントができない大きな理由が、「あいまいな時間」を持っているからです。

仕事は、**「何時に何をやるか」が明確でなければなりません。**多少のズレは起こるかもしれませんが、目標を持つべきです。

タイムマネジメントがうまくいかない人は、仕事の時間割というものがないのです。

自発的に時間割をつくって動かなければ、会社から頼まれたことをただやるだけになります。

これでは、こなす状況になり、仕事の質も上がりません。主体的に仕事に向かうからこそ、成果は出るのです。

「この時間にはこれをやる」と決め、成果を期待して行なうと、集中力は高まります。

目標もなくただやる仕事は、時間がかかったわりには成果は低いのです。

なんとなく仕事をする、ということは避けるべきです。集中もできませんし、つらいだけです。

あいまいな時間を捨て、やることを明確にする意識を持ってください。

多角的に成果を出す優先順位のつけ方

そもそも私たちは、仕事を管理するときには、時間をあまり意識していません。意識しているのは、何をするかということです。

だからこそ、ＴＯ ＤＯリストを使う人がいます。

ＴＯ ＤＯリストは、今日どんな仕事をするかを明確にするものです。多くの場合は、上から順に優先順位がつけられています。

しかし、タイムマネジメントの観点から言えば、ＴＯ ＤＯリストでは不十分です。タイムマネジメントというのは、仕事をするおおよそ8時間の使い方です。それをいかに、効果的に使うかという意識を持つことが大切です。

自分の与えられた時間を組み立て、より大きな成果を出す。自分で時間をコントロールして、より多角的な視点から成果を出すことを目的とするのが、タイムマネジメントになります。

では、多角的に考えるとはどういうことなのでしょうか。

それは、その仕事を完了することで、**会社、上司、あなたの三者にとってメリットがある仕事**を考えることです。

緊急で重要な仕事がすべて、並列で同じ価値なわけではありません。よりメリットを享受する人が多い仕事が上位にきます。

成果を重視するときには、会社や上司の期待度、優先度も考えながら、自分がやる仕事を選んで、目標を持ってやるようにしましょう。

自分の意思も大事ですが、上司との折り合いも大事です。自主的にやるけれど、他者も満足するタイムマネジメントをする人が大きな成果を得ます。

劣後順位で〝やらないこと〟を決めて成果を優先させる！

成果を出す人は、「この仕事はいつやるべきか」という考えを常に持っています。「今やらなければならないのか、そうではないのか」をしっかりと判断しているのです。

この判断ができる人は、あるスキルを身につけています。それは、劣後順位をつける能力です。

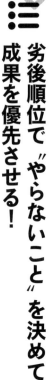

劣後順位とは、やらなくていい順番を決めることです。簡単に言えば、やらないことを決める技術と言っていいでしょう。

劣後順位の中で、やらなくても成果にあまり影響がないものを先延ばしにすることで、やるべき仕事が見えてきます。

このやらなくてもいいものを先に決めて、選択肢を減らしていくと、優先順位をつけることも容易になっていきます。

仕事には、多少なら先延ばしにしていいもの、やらなくても支障がないものが存在します。

これらを明確にし、成果につながる仕事を選び出しましょう。

劣後順位は、優先順位の逆の考え方をするテクニックですが、「この仕事はいつやるべきなのか？」ということに迷ったときには使ってみてください。

いつやるべきなのか、この判断ができる人こそ成果を出していきます。


ここまで、タイムマネジメントでつまずいてしまう原因をお話ししてきました。

人それぞれ時間の使い方で悩みますが、悩みの原因が不明確なときはこれらの要素に当てはまっていないかを考えてみてください。

それでは、次にベテラン、新人、リーダーの事例を載せますので、参考にしてみてください。

男性患者からの強いクレームが多く出ているのに、社長からは「クレームは店舗で解決」と指示される

〈WHY〉↓

店舗での薬剤師、事務がほとんどが女性であり、きちんとしたクレーム教育を受けていないからではないか

〈WHY〉↓

本部が、店舗内の事情を把握しておらず、店舗任せになっているからではないか

〈WHY〉↓

本部と店舗の定期的な情報交換が行われていないから

〈WHY〉↓

定期的な本部・店舗の情報交換を行ない、店舗における患者さん対応をできていなかった

1 情報交換の場を作る
・今週中に上司に相談

2 店舗の困ったことを本部に伝え一緒に考える
・来月からFAXや電話以外のチャット活用

3 クレーム対応研修の早期実施
・上司と話し合い（3カ月以内に行なう）

《 ベテランの事例 》

中堅薬剤師の場合

お客さまからのクレームが絶えず仕事にならない

会社・競合との関係	・調剤薬局は、東京埼玉中心に15店舗 ・店舗の仕事は、主に薬剤師業務と事務業務
クレームについて	・キャリアのある薬剤師による地元密着対応 ・高齢者のウェイトが高い ・高齢の男性クレーマーに手を焼いている ・クレーマー対応する薬剤師も8割が女性 ・クレームでは、ただ謝るだけである ・クレームが数多くあるのに、社長からは「クレームは店舗で解決」との指示だけ
社内の雰囲気	・従業員同士のコミュニケーションの円滑度度合いは、店舗ごとに大きな差がある ・最近では、朝礼を始めている ・現社長は、改革には意欲的で、従業員教育にも熱心である ・未だ人事評価制度が確立されていない

店舗で問題があっても皆無関心を決め込み、本部も対応できない

〈WHY〉↓

店舗も本部も仕事をする目的が、売上中心で、できるだけ楽をしたいだけではないのか

〈WHY〉↓

仕事の本来の意味、やりがいを今は感じられなくなっているからではないか

〈WHY〉↓

店舗をまとめるリーダーがマネジメントを通して、やりがいや成長を伝えるべきではないか

〈WHY〉↓

日々の忙しさにかまけて、リーダーとメンバーが心を通わすための仕組み作りがなかったから

1 メンバーから、リーダーとのフランクな話し合いをすることを提案
・今週中にメンバーの希望を聞く

2 コミュニケーションのあり方を考える
・今週中に本で勉強する

3 メンバー間の密な交流
・3カ月以内のオフサイトミーティングを提案する

《 新人の事例 》

新人薬剤師の場合

コミュニケーション不足によって仕事の進め方に疑問が多い

会社・競合との関係	・中小の調剤薬局チェーン、従業員は180名 ・社歴は50年、現社長は2代目
社内のシステム	・チェーン店なのに、店舗ごとにルールがバラバラ ・皆、時間が来れば途中でもさっさと帰宅 ・欲しいマニュアルがない ・社長も忙しく、滅多に店舗に来ない ・何か問題があり、本部に言っても的確な指示、返答がない
自分の現状	・3年間務めた調剤チェーンを辞めて、今年こちらに転職した ・自分自身、性格的には白黒ハッキリとさせたいタイプ ・個人のプロ意識が欠けているチェーンと感じる

店舗内のコミュニケーションは良いのに、休みを取るときは突然である

〈WHY〉↓

表面的なコミュニケーションで、肝心なお互いの事情が理解されていないのではないか

〈WHY〉↓

店舗内のメンバーの状況を知るためのマネジメントがリーダーに欠けているのではないか

〈WHY〉↓

店舗として、何を目的に仕事を進めるべきか、チームの意思統一ができていないのでは

〈WHY〉↓

余裕あるスケジュール管理と休む場合の事前ルールなどを取りまとめ、周知徹底できなかったから

1 リーダー自身が、店舗内メンバーをまとめるための学習をする
・近日中に、会社にリーダー研修を受けさせてもらう

2 スケジュール管理表を作成し、全体の動きがわかるようにする
・週末にスケジュール管理アプリを調べる

3 休む場合の事前ルールをつくる
・交代勤務者のシステムを3カ月以内につくる

《リーダーの事例》

管理職薬剤師の場合

部下をうまく動かせず仕事が忙し過ぎる

会社・競合との関係	・本部は、社長、人事総務課長、係長、事務3名（内パート1名）
社内の動き・連携	・病欠や急な休みの場合、リーダーが代わる ・スケジュール管理に突発が多く対応できない ・メンバーとの話合い、フィードバックも適時・的確にできていない ・マネジメントの勉強は経験無し ・退職もここのところ多く、新人対応にも時間が取られる
精神状態について	・管理薬剤師としての責任が重く、気が抜けない ・休みは、家でビデオ鑑賞 ・有休を消化できていない ・普段のコミュニケーションは取れている

第6章 まとめ

- タイムマネジメントとは、時間の使い方を改善し、生産性を高めること
- 自分の時間が他者にコントロールされていると気づくことがスタート
- 時間をうまく使えない理由1「あいまいな時間がある」
- 時間をうまく使えない理由2「やることだけしか決めていない」
- 時間をうまく使えない理由3「いつやるのかを意識していない」
- あなた、上司、会社の3点にメリットのあることが優先！

第7章

紙1枚で理想のキャリアを形成する

課題解決の技法で人生計画を固める

リアルに自分の人生設計を考える

今回の本で私は課題解決の技法をお伝えし、様々なビジネスシーンでの悩みを解決してもらいたいと考えています。また、今より大きな成果を出すために、この技法を紹介してきました。

ただ、私が一番あなたに考えていただきたかったのが、この章のテーマである、キャリア形成についてです。

なぜなら、キャリア形成とは、あなたの人生の課題の設定、解決をすることにほかならないからです。

この本をきっかけに、将来の自分について考えてみてほしいと思います。自分の理想を実現するためには、課題の設定と解決が不可欠です。

「自分はどうなりたいのか」
「理想の自分を実現するためには、どうすればいいのか」

これを考えるために、課題解決の技法は理想的なのではないかと、手前味噌《てまえみそ》ではありますが私は考えます。

理想の人生に向かう上では、様々なことが起こるでしょう。難しいことに直面したり、絶好のチャンスをつかめるかどうかの場面に直面することもあるでしょう。そんなとき、課題を設定し、解決策を見つけ、突破していってほしいのです。

まだ、キャリアについてはあまり考えていない、という人もいるかもしれません。キャリア形成が大事だと言っても「先の話だからピンとこない」という人もいるでしょう。

しかし、人生100年時代と言われるようになり、それが本当に到来するのか、そこまで私たちが生きるかはさておき、70〜75歳くらいまでは働くことになりそうです。老後の第二の人生が待ち受けているとも言われています。

自主的に選んだ人生でなければもたない！

年金の受給年齢も、60歳から65歳へ引き上げられ、今後70歳になる可能性もあります。

私たちは、長い時間を働くことになりそうです。自主的に動ける仕事をしなければ、精神的につらいと思います。

少子高齢化により人手不足になりそうですが、誰も改善されると思っていないでしょう。

また、ＩＴが進化し、ＡＩの開発、実用化も進んでおり、この先、私たちを取り巻く環境はどうなっていくのか、なかなか予想することはできません。

今までは、強い会社に所属していれば、安心な将来が約束されていました。その安心感は、満足感につながり、やっている仕事へ不満があっても乗り越えることができていました。老後も安心な生活が用意されていたのです。

しかし、これからの時代はそうはいきません。会社がそれは無理だと言っているのです。

だからこそ、将来を見据えて、自分がどうするかを考えるべきだと思います。**自分で主体的に考えたキャリア形成をしていけば、仕事への意欲も満足感も高いはずです。**

自分で考えた結果なら、会社に所属していても、転職しても、独立してもいいのです。結果として、どんな環境に身を置くにしろ、キャリアをしっかりと考えたほうがいい。

いろんなことをやるのか、ひとつのことを深掘りするのか、など様々なことを意識するべきです。75歳まで働ける人とは、社会から必要とされる人間です。必要とされる人に成長するためにも、キャリアを自主的に形成していきましょう。

そのためには、自分の理想の姿を実現するための課題を設定し、解決策を考えることです。ぜひ、自分の満足いく人生を歩んでください。

理想のキャリアを見つける3つの輪

では、自分の理想のキャリアを形作るにはどういった視点を持つことが必要でしょうか。自分の理想がわからないという人もいるでしょう。

アメリカに、エドガー・シャインという心理学者がいます。その人は、3つの輪という考え方を提唱しています。

自分のキャリアを形作るときに、3つの観点から考えようというものです。

1 あなたのやるべきこと
2 あなたのできること
3 あなたの好きなこと

「やるべきことの輪」「できることの輪」「好きなことの輪」の重なり合う部分に、自分に適したキャリアがあるというのです。

これを真剣に考えていくと、多くの道が自分の前に広がっていることがわかります。

もし、迷った場合は、「自分のやるべきこと」を最優先に考えて、キャリアを決定してみてください。

「やるべきこと」への思いが強ければ、心のバックボーンになるからです。これがあると、挫折することはありません。

とにかく、自分自身で納得できるキャリアを進むことです。キャリアのために、自分を成長させ、人生を豊かにしましょう。

キャリア形成には、社内で頑張る、転職する、独立するなど、大きくは３つの道があります。働き続けるための選択肢はこれだけあるということです。

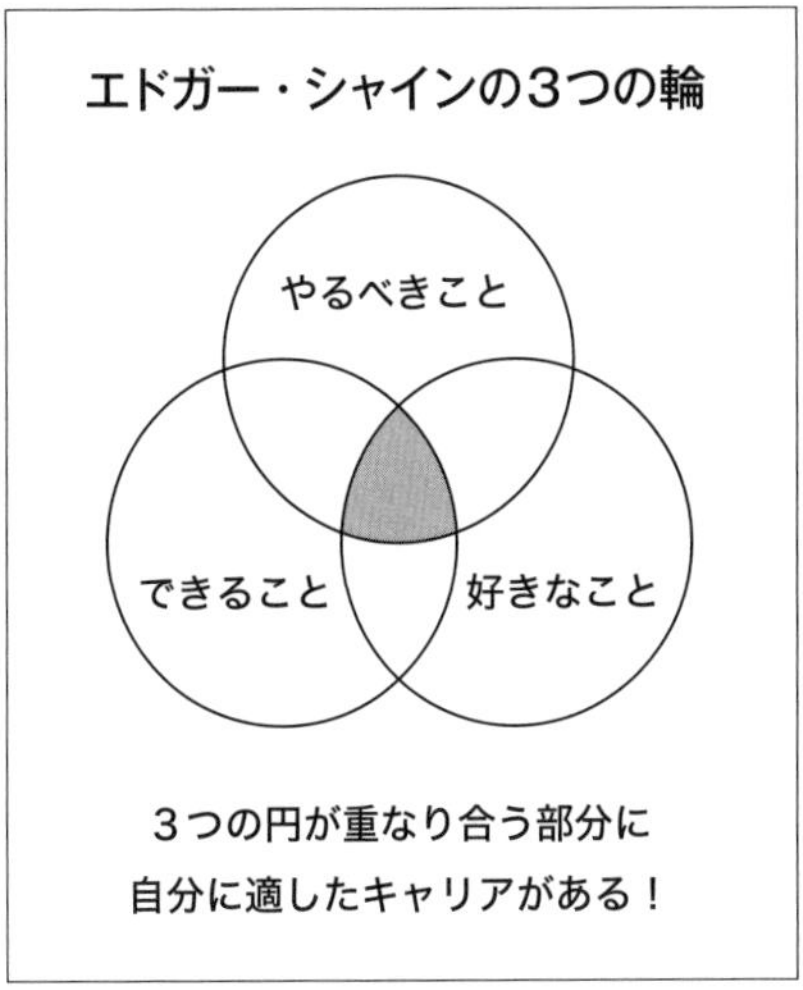

予測には意味がない！ ブレずに必要な力をつける

将来のことを考えるのは、楽しいですが、難しいことでもあります。

社会の変化はなかなか読めません。

だからこそ、自分がブレずにやれることを見つけるしかありません。自分主体で生きることが正しいのです。自分が充実感を得られていれば、長く活躍できますし、稼ぎ続けることができます。

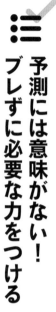

自分の将来への欲求を知り、それを達成するために成長していきましょう。自分を知ることで、自分のなりたい姿が明確になり、なんの力を伸ばしていけばいいのかも明確になっていきます。自分の興味があることや、自分に必要なこと、やりたいことを選択することができます。

そして、ひとつでも二つでも手をつけておくのです。早い段階から、キャリアを意識することで、自分に必要な力もつけられます。

多くの人が、会社から与えられたキャリアを無意識に歩みます。しかし、終身雇用や年功序列は終わりを迎え、個人の力が注目されています。

実力がより重視される時代だからこそ、**理想のキャリアに必要な能力を明確に**して、身につけていってください。

キャリアパスに乗るのではなく、自分自身がやりたいことを実現するための勉強になる仕事を選んでいってください。

理想の自分のイメージをブレさせないことです。

もしかしたら、理想の実現までに時間がかかるかもしれませんが、焦らないでください。自分主体の人生を楽しみながら、歩んでください。

あらゆるものから自由に動けるまでは時間がかかるかもしれません。

私自身、今のキャリアを築くまでに、嫌なことも数多く経験しました。

ですが、課題解決のコンサルタントになるとブレなかったので、実際になれているのです。

どうなるにしても会社とはいい関係を保つ

理想のキャリアを歩むためにといっても、今いる会社をやめて外に出なさいと言っているわけではありません。

必ず転職しなければならないわけでも、独立しなければならないわけでもありません。

多くの人が、今所属している会社に愛着があるはずです。しかし、あらゆる可能性を残しておく必要はあります。

そこで、今の会社で、理想のキャリアに必要な能力を磨きつつ、様々なことに対応できるようになりましょう。

理想のキャリアを想像すると、努力するべき部分が見えてくるはずです。

理想のキャリアをつくるために、今の会社の待遇に反発する必要はありません。

敵をつくるのは得策ではありません。私自身、独立した後も、前の会社の人々と交流を続け、情報交換をしています。

会社と摩擦を起こすのではなく、会社の枠から一時的に離れて考えるのです。会社の用意したキャリアパスを歩むのではなく、自分が必要なスキルを身につけるように動くのです。

ある職位になるために、定型の経験や順序に乗るのではなく、理想を実現する力を磨くのです。

会社にいながら主体的にキャリアをつくるには、どう動けばいいのか、誰とつながればいいのか、と考えるクセをつけてください。

仮説を持ってキャリアを形作る

理想のキャリアを歩むために、アンテナを張ってください。満足いく仕事をするための、情報を収集し、能力を高めてください。

アンテナを張るためには、現実を知ることです。

理想の姿と、現実の自分のギャップを埋める要素とはなんなのか？　常にこれを自問自答し、足りないものを見つけてください。

必要なのは行動力を発揮するための腰の軽さです。

理想のキャリアを決めて、足りないことを埋める要素を探し回る。これがルーティンになるようにしましょう。

・メディアの記事をたくさん読む

- 本を読む
- セミナーに出る
- 人に会いにいく
- スキルアップの勉強をする
- 他部署に転属の希望を出す

など、自分の血肉になることならなんでもいいのです。

理想の自分に到達するための仮説を立てて、打ち手を考えていくのです。それを続けていれば、最終的にはゴールに到達します。

何よりも「自分の考えが優先」だと忘れないこと

先ほど、会社のキャリアパスに乗るのではなく、独自路線を進むことをススメました。

年功序列や終身雇用が崩壊したことで、会社も社会も、「個人の実力」に注目し始めています。

これからは、会社に所属していようと、独立していようと、『個人の時代』が来るのです。

たしかに、現状ではまだ実力主義が完全に機能しているとは言えません。会社に貢献しても上司から気に入られなかったりすると、いい環境を与えられなかったり、上の人に要領よく接しミスを犯さない人が優遇されたりもします。

しかし、実力者をどんどん起用していかなければ、会社はもたなくなります。

貢献できる人を抜擢していくことが今後は増えていくと思います。

どんな環境にいようと、個人として戦えるスキルを身につけることを意識してください。もちろんそれは、理想のキャリアを実現させるために必要なスキルです。

独立している人でも、会社員の人でも、今では発信力を持ったり、コミュニティを持ったりして、理想を実現させている人がいます。

あなたも自分主体の働き方を実現させてください。

自分でキャリアを考える時代がきています。

多様化する社会の中で、価値を生み出すには、皆と同じ型にはまった人生を進まないほうがいいのです。

自分で考えて行動できる人が求められているのです。

自分には何が必要なのか、何をしていけばいいのか、をしっかりと考えてみてください。

そうすることで、理想のキャリアは近づいてくるのです。

トライ&エラーを繰り返そう

課題解決の技法は、理想のキャリアを形成するために効果を発揮します。

「自分の理想のキャリアを実現したい」

この程度の簡単なことでいいので、第一課題に設定して、自分の人生戦略を考えてみてください。

７つのステップを踏むと必ず解決策が見つかります。また、やるべき具体的な行動も明確になり、前進することができます。

これを繰り返していくと、成長を繰り返すことになり、最終的な理想のキャリアを形成することができるでしょう。

重要なので何度も言いますが、主体的な人生を歩んでください。

そして、主体的に仕事を行なってください。

今からの時代には、自分の意思で道を選び、進む人が強いのです。

自分の大切な人生と真剣に向き合い、どんな仕事を最終的にはしたいのか、どんなことで社会に貢献したいのか、を明確にしてください。

自分の人生を戦略的に設計していくには、将来の自分をイメージし、それに必要なことを身につけることです。

自分なりに、理想に到達する仮説を持って、それを実行し、そして課題を設定して解決策を実行する。

トライ&エラーを繰り返すことで、ゴールに近づいていきます。

ぜひ、課題解決の技法を駆使して理想のキャリアを形成してください。

最後に、キャリアに関する、ベテラン、新人、リーダーの事例をご紹介します。

ぜひ、参考にしてみてください。

日本で働き方改革進行中。会社では特に女性管理職を積極的に増やしたい

〈WHY〉↓

職場の男女比は、男：女＝7：3で従業員自体も圧倒的に男性が多い。管理職もほとんどが男性であるから

〈WHY〉↓

男性中心の会社でかつ、保守的な人が多く、女性管理職に抵抗感があるのではないか

〈WHY〉↓

せっかく勝ち得た男性の既得権を侵されるという意識が強く、バリアを張っているから

〈WHY〉↓

無理をせず、勇猛果敢に男性社会に飛び込まないという考え方もあるのでは

1 家庭第一の身の丈に合ったキャリアプランを考える
・週末に10年後のイメージ（結婚、出産、子育て）を考える

2 貯金、保険の検討
・来月から給料の5%を貯蓄

3 人生勉強を欠かさない
・10年後のイメージを実現するために必要なスキルを検討（今月中）

《 ベテランの事例 》

中堅女性SEの場合

家庭第一と考える将来の働き方

会社・競合との関係	・有休等、比較的希望は通りやすく、一定の配慮はみられる ・SEの管理職は、圧倒的に男性中心
会社の人々	・女性管理職を増やそうとしているが、仕事が急にできなくなる人が多い ・既得権を手放さない男性や保守的な人が多い ・管理職になる女性は、男性に比べて少なく、高齢結婚が多い
未来の望み	・マネジメントの経験はない ・将来は、SEにこだわらず、総務事務系でも良い ・女性ならではの色彩感覚などを生かしたい ・共働きで長く勤めたい ・必ずしも管理職は目指していない

9時に出社してもリーダーやメンバーが半数しかおらず、仕事の相談ができない

〈WHY〉↓

会社は自由裁量時間制なので、全員が一堂に集まる機会が極めて少ないため

〈WHY〉↓

時間がすれ違うことを理由に、必要な相手に相談できるような工夫をしていないからでは

〈WHY〉↓

普通の会社であれば、先輩・リーダーにいつも教えてもらえると思い込んでいたから

〈WHY〉↓

ＳＥの仕事は時間が不規則であり、納期も厳しいことを理解せず、それに対応する自分自身になっていなかったから

1 仕事時間の見直しと工夫
・明日からメモを活用し、お互いの時間がうまく取れるよう工夫する

2 相談内容の明確化
・（来週末に）、先輩たちの迷惑とならないよう質問を明確にしておく

3 積極的に人に関われるように努力
・1年以内に社内で一番のスペシャリストと仲良くなる

《 新人の事例 》

新人女性SEの場合

SEとしてのスペシャリストになりたい

会社・競合との関係	・社歴は70年、従業員数は3千名を超える ・事業所は東京本社、営業本部を中心に全国展開
社内の人々	・仕事は、自分で調べて解決することを強いられる ・配属先のトレーナーのやる気がない ・研修はあるが、古い内容ばかりで、外部研修受講 ・ほとんどの社員が夜遅くまで勤務しており、帰りづらい ・リーダーは昼過ぎに来て、朝に帰るタイプで、マネジメントは機能していない
自分自身	・理系の知識が乏しい文系出身のＳＥ ・家ではゲームが唯一の趣味 ・お酒が飲めず、つき合いベタ ・自分が出社してもメンバーの半数以上は、出社しておらず、聞きたいことが聞けない状況

ＳＥのときは、周りから援助を受けたのに、ＳＥリーダーとなってからは、チームの進め方がわからず戸惑っている

〈WHY〉↓

元々、ＳＥの仕事を目指しており、管理職としての仕事に興味がなかったから

〈WHY〉↓

ＳＥのときは、仕事も伸び伸びとできるが、リーダーとなると責任も重く自分には向いていないから

〈WHY〉↓

リーダーの使命役割を理解しておらず、闇雲にリーダー業務を避けているから

〈WHY〉↓

リーダーの上司をみて、いつも大変そうにしており、私にはできないという思い込みに陥っていたから

1 リーダーの使命役割を根本から見直す
・今月中に女性管理職を探して、話しを聞く

2 思い込みを排除する努力
・アドラー心理学を本で学ぶ（2週間以内）

3 ＳＥが今何に困っているか、ヒアリングする
・来月からメンバー一人ひとりと面談

《リーダーの事例》

女性SEリーダーの場合

任命されたリーダーの仕事に自信が持てない

会社・状況	・コンサルティングから、機器販売、ソフトウェア開発、設置、保守までワンストップサービス ・職場の男女比は、男：女＝7：3
仕事について	・SEは個人依存度が高く、忙しくなりやすい上司、周りのサポートはなく、基本自己解決 ・会社の方針に合わなければ、チャレンジできない ・メンタル不調に陥る人も多い ・他部署との連携はみられない ・活躍する課長クラスは30代が最も多い
自分自身	・システム知識よりもお客のやりたい事を聞き出すことが得意 ・マネジメントは全くの初心者 ・女性ならではの色彩感覚等生かしたい ・SEになりたての頃は、周りの援助も少しあったが、現在はなかなかマネジメントの悩みは相談できる相手がいない

第７章 まとめ

- 会社に残っても、転職しても、独立してもいいけれど、個が大事だと忘れない
- 「やるべきことの輪」「できることの輪」「好きなことの輪」が重なる部分に、理想のキャリアがある
- 社会の流れに乗るのではなく、自分を中心に社会と接し、キャリアを形作る
- キャリアの定型の経験や順序に乗るより、自分に必要なスキルのほうが大事
- 個で考えて行動を徹底する

あとがき

本書を書き上げている最中にも相変わらず、隣国中国から起きた新型コロナウイルス騒動の嵐が吹き荒れています。

人は目に見えない恐怖に慌てふためくものです。これからも、訳のわからないことに人は振り回されるのでしょう。

そんな中で書き上げた本書ですが、この騒動にも実はこの課題解決の技法が通用する気がしています。

ビジネスに必要不可欠な「課題解決力」をアップしていただくために、本書は上梓《じょうし》しました。

新人からベテラン、リーダー、様々な業種、職種のどなたにも役立つ課題解決の技法を提供することを目標としました。

私が、課題解決コンサルタントとして実際の現場で経営者やリーダー、そしてメンバーの皆さんとともに熱く議論し、解決を目指した経緯がそこにあります。

最初は、あまり乗り気でなかった人々が徐々に変わっていく姿こそ、変革のエネルギーになるものであると私は断言します。

人が変わること、それも自ら動き出したときこそ会社はダイナミックな変貌《へんぼう》を遂げるものです。

そのようなシーンをいくつも感じ得たことは、まさに課題解決コンサルタント冥利《みょうり》に尽きます。

そして本書を通して仕事を面白くするのも、つまらなくするのも実は「自分の心がけ次第である」と何度もあなたに訴え続けてきました。

自分に向いている、向いていないではなく、今の目の前の仕事に対して、いかに必死に向き合うか、これこそが今後のあなたの仕事人生を決定づけます。

そのような意味で本書が、より多くの人にとって、気楽に「課題解決力」を身につけていただけるきっかけになれば望外の喜びです。

最後に、本書の執筆にご尽力いただきました、ワニブックスの内田克弥様、またプロデュースいただいた森下裕士様に、深く御礼を申し上げる次第です。

阿比留眞二

プロデュース　森下裕士
装丁　中西啓一（panix）
本文デザイン＋ＤＴＰ　佐藤千恵
校正　広瀬泉
編集　内田克弥（ワニブックス）

紙1枚で仕事の課題はすべて解決する

著者　阿比留眞二

2020年4月10日　初版発行

発行者　横内正昭
編集人　内田克弥

発行所　株式会社ワニブックス
〒150-8482
東京都渋谷区恵比寿4-4-9　えびす大黒ビル
電話　03-5449-2711（代表）
　　　03-5449-2716（編集部）
ワニブックスHP　http://www.wani.co.jp/
WANI BOOKOUT　http://www.wanibookout.com/
WANIBOOKS　NewsCrunch　https://wanibooks-newscrunch.com/

印刷所　株式会社美松堂
製本所　ナショナル製本

ISBN978-4-8470-9886-4